JN023499

日帰りハイキング＋
立ち寄り温泉

プラス

関東周辺

表紙写真 [大写真] 鋸山 [花写真左から] キンラン (小仏城山) ／クルマユリ (榛名外輪山) [下段写真左から] 日連アルプス (日連山) ／ゆとろ嵯峨沢の湯／西武秩父駅前温泉 祭の湯
目次 [左から] 大菩薩嶺／峠の湯

Contents

索引MAP ···················· 3
本書の使い方 ··············· 4

高尾・奥多摩

1 小仏城山から高尾山 ··· 6
[京王高尾山温泉 / 極楽湯]
2 南高尾山稜 ············· 9
[京王高尾山温泉 / 極楽湯]
3 景信山から陣馬山 ····· 12
[旅館 陣渓園]
4 岩茸石山から棒ノ折山 ··· 16
[さわらびの湯]
5 大岳山から鋸尾根 ····· 20
[奥多摩温泉 もえぎの湯]
6 御岳山から日の出山 ··· 24
[生涯青春の湯 つるつる温泉]
7 丹波天平 ············· 27
[丹波山温泉 のめこい湯]
8 綾滝から馬頭刈尾根 ··· 30
[秋川渓谷 瀬音の湯]
9 浅間嶺 ············· 34
[檜原温泉センター 数馬の湯]
10 三頭山から槇寄山 ··· 38
[蛇の湯温泉 たから荘]

中央線・富士山周辺

11 日連アルプス ········· 42
[藤野やまなみ温泉]
12 奈良倉山から大マテイ山 ··· 46
[多摩源流 小菅の湯]
13 大菩薩嶺 ············· 50
[大菩薩の湯]
14 今倉山から二十六夜山 ··· 54
[芭蕉月待ちの湯]
15 大平山から石割山 ··· 58
[石割の湯]
16 三ツ峠山 (開運山) ··· 62
[開運の湯]
17 黒岳 ··············· 66
[ラビスタ富士河口湖]
18 足和田山から三湖台 ··· 70
[富士眺望の湯 ゆらり]

小田急沿線

19 日向山から白山 ········ 73
[ふるさとの宿]
20 弘法山 ··············· 76
[弘法の里湯]
21 大山三峰山 ·········· 80
[玉翠楼]
22 鐘ヶ嶽 ··············· 84
[かぶと湯温泉 山水楼]

箱根・三浦・筑波・房総

23 湯坂路から浅間山 ···· 87
[美肌の湯 きのくにや]
24 箱根旧街道 ·········· 90
[弥坂湯]
25 明星ヶ岳から塔ノ峰 ··· 94
[一の湯新館]
26 明神ヶ岳 ············· 98
[箱根町宮城野温泉会館]
27 金時山 ············· 102
[旅館 万寿屋]
28 大楠山 ············· 106
[佐野天然温泉 のぼり雲]
29 城山 (土肥城趾) ···· 109
[みやかみの湯]
30 幕山から南郷山 ···· 112
[ゆとろ嵯峨沢の湯]
31 筑波山 ············· 115
[筑波山温泉 つくば湯]
32 月居山から袋田の滝 ··· 118
[滝味の宿 豊年万作]
33 鋸山 ··············· 122
[かぢや旅館]
34 養老渓谷 ············· 125
[滝見苑けんこう村 ごりやくの湯]

奥武蔵・秩父周辺

35 天覧山から宮沢湖 ····· 128
[宮沢湖温泉 喜楽里別邸]
36 名栗湖から棒ノ折山 ··· 131
[大松閣]
37 蕨山 ··············· 134
[さわらびの湯]
38 官ノ倉山 ············· 138
[おがわ温泉 花和楽の湯]
39 御嶽山 ············· 141
[おふろcafé 白寿の湯]
40 旧巡礼道から破風山 ··· 144
[秩父川端温泉 梵の湯]
41 美の山公園から秩父霊場 ··· 148
[新木鉱泉旅館]
42 長尾根丘陵 ·········· 152
[西武秩父駅前温泉 祭の湯]
43 四阿屋山 ············· 156
[両神温泉 薬師の湯]
44 日向山 ············· 159
[秩父湯元 武甲温泉]

北関東

45 榛名外輪山 ·········· 162
[榛名湖温泉ゆうすげ元湯]
46 碓氷峠アプトの道 ···· 166
[峠の湯]
47 古賀志山 ············· 170
[鹿沼温泉 華ゆらり]
48 外山 ··············· 173
[日帰り温泉 ほの香]
49 刈込湖・切込湖 ······ 176
[日光アストリアホテル]
50 龍王峡 ············· 180
[川治温泉 薬師の湯]

プランニング・装備と安全な山の歩き方···184
立ち寄り湯のマナーと注意点 ········187
登山計画書の作成 ···············188
登山用語の基礎知識 ···············188
装備チェックリスト ···············189
山名等索引 ···············190
温泉・入浴施設名索引 ···············191

日帰りハイキング+立ち寄り温泉 関東周辺

本書の使い方

**本書のご利用に
あたって**

首都圏から日帰りで登れる山と立ち寄り温泉施設を組み合わせて楽しめる
プランを50コース紹介しています。お好きなコースから歩いてください。

コース選定の条件

本書では、ハイキング後に気楽に立ち寄れる温泉（鉱泉）
施設が下山口近くにあることを第一の基準にしてコースを
選定しました。そのため、普通は逆に歩くのが一般的な
コースでも、あえて温泉（鉱泉）施設があるほうに下山す
るプランにしました。
●厳選50コース　ほかにもたくさんの日帰りハイキングコ
ースがありますが、下山後に温泉（鉱泉）に入浴して帰れ
ないコースや、温泉施設があっても上級者コースは割愛し、
比較的楽に歩けるコースだけを厳選しました。

①登山レベル

▶入門　総歩行時間3時間〜4時間程度で、遊歩道や散
策路としてよく整備され、難所がほとんどないコースです。
▶初級　総歩行時間4時間〜5時間程度で、危険箇所が
少なく、標識も整備されていて、山歩きが初めての方でも
比較的不安なく歩けるコースです。
▶中級　総歩行時間5時間以上で、一部に岩場やクサリ場、
補助ロープが設置されているコースと、ある程度登山経験
を必要とし、体力の消耗が激しいコースや標識が万全でな
く、判断力が要求されるコースを中級としました。初級者
が歩く場合は、中級者以上の方との同行が望まれます。

※コースの状況によっては上の状況に増減を加え、クラスを変更して
いる場合もあります。登山適期（積雪期など）によってはレベルが変
わりますので、ご注意ください。

②標高

紹介する山の最高点標高値（三角点のある場所ではなく、その
山の最も高い地点）、または紹介するコース上の最高地点を
表記してあります。

③標高差

登りは歩き始める地点から、そのコース上の最も標高の高
い地点との高度差、下りは最も標高の高い地点から温泉
施設または帰路のバス停・駅のどちらか標高が低いポイン
トまでの高度差を表記しました。タイトルに山名のある山
より高い地点がコース上にある場合、そこを最高地点とし
て算出しています。いずれも累積標高差（コース中の登り・
下りすべての高低差の合計）ではありません。

※参考：標高差300mを登るのに約1時間が目安となります。

④総歩行距離・歩行時間

歩き始めてから、頂上を経てバス停や駅、駐車場に下山
するまでの歩行距離の合計が「総歩行距離」、歩行時間
の合計が「歩行時間」です。総歩行距離は地形図をもとに、
コースの斜面に沿って算出してありますが、実際の歩行距
離とは若干の差があります。また、歩行時間は、気象条
件や道の状況、個人の体力によって大きく変わりますので、
記載の時間はあくまでも目安として、余裕をもった計画を
立ててください。休憩時間は含まれていませんので、計画
の際は、休憩や食事などの時間を考慮してください。

⑤難易度・体力

★………総歩行時間が4時間未満、
　　　　または標高差400m未満。
★★…総歩行時間が4～5時間未満、
　　　　または標高差400～800m程度。
★★★…総歩行時間が5時間以上、
　　　　または標高差800m以上。

⑥難易度・技術

★………道標、コースともによく整備され、道迷いなどの
　　　　心配が少なく、ハイキングが初めての人や
　　　　家族連れにも向いているコース。
★★……道標は要所に設置されていて整備状態もいいが、
　　　　一部荒れた箇所や、登り下りの急坂などもある
　　　　ハイキングコース。
★★★…コースの一部に道迷いにつながる不明瞭な箇所
　　　　や難所の岩場などもあって、体力と判断力が
　　　　求められるケースもあるハイキングコース。

※コースガイドに示された★の数は、取材者が実際に歩いての判断に
基づいています。コース状況によっては上記の指標と異なる場合もあ
ります。

⑦「立ち寄り温泉」の選定基準について

ほとんどが温泉施設ですが、温泉法の規定をクリアしてい
なくとも、古くから効能が信じられ、親しまれてきた鉱泉
もいくつか入れました。また、入浴料金が高額で、ハイキ
ング帰りに気軽に立ち寄るのには適当ではないという施設は
除きました。

⑧欄外情報

本文やコラムで書ききれなかった情報を掲載しています。

⑨アクセス

電車・バス利用の場合は登山起点となる現地の鉄道駅、
あるいは駅から登山口または登山口に近い最寄りのバス停
までの経路を紹介しました。早朝時間や季節、曜日によっ
てダイヤが大幅に変わる場合もありますので、事前に最新
のダイヤ情報をご確認の上、計画を立ててください。マイ
カーの場合は最寄りの高速道路や有料道路のICからの経
路と、登山口や登山口に近い駐車場情報を紹介しています。
料金は通常期のもので、繁忙期や閑散期には変わる
場合があります。

⑩ヒント

主にアクセスやプランニングに関するアドバイスを掲載。

⑪問合せ先

そのコースの情報を得ることのできる市町村役場や観光協会、
アクセスに利用する交通機関などの電話番号を掲載。

⑫チャート

コース上の主な通過点とコースタイムの目安を掲載。

⑬高低図

コース全体のおおよその距離と標高、傾斜を表した図です。
山容の断面図ではありません。また、標高（縦軸）と距離（横
軸）の比率が異なるため、傾斜については実際の傾斜とは一
致していません。なお、頂上以外の標高には若干の誤差
がありますので、あくまでも登り下りの目安としてください。

コラム

コース上の食事処や見どころなどを紹介しています。

地図

- 本書に掲載されている地図は、国土地理院発行の地形
図を元に作成しています（承認番号は巻末に掲載）。
- 登山の際には、本書の地図はあくまでも概念図と捉えて、
国土地理院発行の2万5000分の1地形図を携行されるこ
とをおすすめします。なお、山の標高は1m未満を四捨五
入して掲載しているところもあります。
- 地図上の情報、ルートは、発行後に変更、閉鎖される
場合もありますので、ご注意ください。
- 花や樹林の掲載位置はエリアを表すもので、花や樹林
のある位置を正確に示しているものではありません。

地図記号の凡例

▬▬▬	本文で紹介している登山コース	⌂ 山頂	🏨 ホテル・旅館
▬▬▬	徒歩以外での移動区間	1945 三角点	⚡ 電波塔
○	登山コースのポイント	1945 標高点	碑
←0:30	登山コースポイント間のコースタイム	有人小屋	🏫 学校
▬▬▬	サブコースとして利用できる登山コース	無人小屋	⊗ 警察署・交番
------	その他の登山道・小道	水場	〒 郵便局
▬▬▬	有料道路	トイレ	◉ 市役所
①▬▬	国道	花	○ 町村役場
·-·-·-	県界	温泉・入浴施設	卍 寺院
·-·-·-	市町村界	バス停	神社
▬▬▬	鉄道（JR）	P 駐車場	♪ ゴルフ場
▬▬▬	鉄道（私鉄）	バス停	温泉
○→○	リフト	キャンプ場	史跡・名勝
○→○	ロープウェイ		
	ケーブルカー		

- **本書のデータは2020年5月現在のものです。**
- **ルートは災害などで変更や閉鎖されることがあり、また
バスの時刻は改定されることがありますので、事前に必ず
最新情報をご確認ください。**

東京都
入門

標高
670m
[小仏城山]

標高差
登り: **383**m
下り: **479**m

総歩行距離
8.7km

歩行時間
3時間**10**分

難易度：体力
★☆☆

難易度：技術
★☆☆

小仏城山から高尾山

一丁平の展望台は本コース屈指のビューポイント。大山、蛭ヶ岳、大室山、富士山を望むことができる

立ち寄り温泉 ▶ 京王高尾山温泉 ☎042-663-4126

京王高尾山温泉 / 極楽湯

駅近の特権！発車時間近くまで温泉を

京王線の高尾山口駅に隣接。大きなリュックを収納できるロッカー、京王線の発車時刻を知らせる表示板など登山者への細かな配慮が嬉しい。露天の岩風呂はあつ湯とぬる湯に分かれ、地下約1000mから湧く天然温泉を注ぐ。このほかに人工的に炭酸泉を再現した露天炭酸石張り風呂、内湯の檜風呂や期間・季節でさまざまな湯が楽しめる替わり湯、サウナなどがある。食事処では高尾山名物とろろ料理をはじめ、ボリューム満点の丼物や定食、麺類などを提供している。

↑露天岩風呂は2段式で、上段の湯船があつ湯になっている

←定番のほか、季節メニューや宴会プランなども用意している

🕗8～23時 　休無休
💴1000円（土・日曜、祝日、繁忙期は1200円）
【泉質・泉温】アルカリ性単純温泉・26.2度
【風呂の種類】内湯2（男1・女1）、露天2（男1・女1）
【その他の施設】食事処（9～23時）、休憩室など 　Ｐ110台

欄外情報 ケーブルカーやリフトを使わずに下山するなら稲荷山コースがおすすめ。高尾山の山頂から清滝駅まで雑木林の中を行くなだらかな下りで、八王子市街を望むビュースポットもある。

ポイント 都民にもっとも親しまれる山で、フランス・ミシュラン社のガイドブックで最高評価の３つ星を獲得。山中に飯縄大権現（いづなだいごん）を祀る古刹・薬王院が開かれたことで、殺生を戒める仏教の教えと時の権力者の手篤い保護を受け、豊かな自然が守られてきた。修験道の山でもある。

アドバイス 奥高尾の尾根歩きは春の桜、秋の紅葉、視界の開ける冬もよい。ただし、降雪のある冬は軽アイゼンを携行して、ベテランと同行するのが安心だ。それ以外の季節も足元は軽登山靴程度が必要。土・日曜、祝日は人が多いので、とくに小仏行きのバスは早い時間帯の乗車をおすすめする。

旧甲州街道の小仏峠が第１関門
適度な起伏の尾根道は眺望が抜群

高尾駅北口の２番バス乗り場から小仏行きのバスに乗車。走るほどに山里の趣が深まり、20分ほどで**❶小仏バス停**に到着する。きれいなトイレがあるので必要に応じて利用を。

バス停を背にして右の坂へ。Ｓ字坂を登り、景信山登山口を見送ると、まもなく小仏峠の登山口だ。杉林の中に伸びる砂利道で、何度も沢を渡りながら、右に左にと曲がって

いく。尾根に上がると**❷小仏峠**（こぼとけとうげ）で、右から景信山の縦走路が合流する。左に進み、三差路の真ん中、階段状の山道を上がると休業中の茶店があり、正面の樹間から相模湖や富士山が望める。ベンチに座り、ひと息つこう。

一丁平への巻き道に注意して木段を登り、熊笹が美しい一角を過ぎ、鉄塔が現れると**❸小仏城山**（こぼとけしろやま）はすぐ。山頂は台地状で、南側は道志や丹沢の山並みが連なる。晴天時には富士山が顔を見せる。北側は八王子市街や新

ACCESS ◆ アクセス

【電車・バスで】行き：JR中央本線・京王線高尾駅→京王バス20分・240円→小仏
帰り：京王高尾山口駅。JR中央本線高尾駅へは京王線で1駅目の高尾駅で乗り換え。
【車で】中央自動車道八王子ICから国道16・20号経由で約11km。小仏峠登山口に乗用車8台ほどの駐車スペースがあるが、京王高尾山口駅前の駐車場に駐車してから、電車で1駅の高尾駅まで戻るのがベスト。

HINT ◆ ヒント

高尾駅から小仏行きの路線バスは、土曜・休日は多い時間帯で1時間に3便あるが、平日はほぼ1時間に1便となる。土・日曜、祝日夕方はケーブルカーの乗車待ち行列ができる。

CONTACT ◆ 問合せ先

高尾ビジターセンター☎042-664-7872
京王バス南寺田支所☎042-666-4607
高尾登山電鉄☎042-661-4151

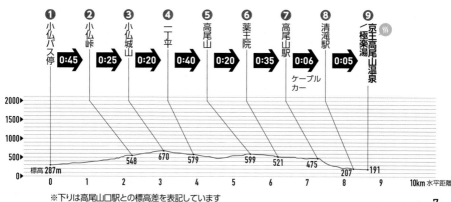

❶小仏バス停 ▶0:45▶ ❷小仏峠 ▶0:25▶ ❸小仏城山 ▶0:20▶ ❹一丁平 ▶0:40▶ ❺高尾山 ▶0:20▶ ❻薬王院 ▶0:35▶ ❼高尾山駅（ケーブルカー） ▶0:06▶ ❽清滝駅 ▶0:05▶ ❾京王高尾山温泉／極楽湯

標高 287m / 548 / 670 / 579 / 599 / 521 / 475 / 207 / 191

2000▶ 1500▶ 1000▶ 500▶ 0▶

0 1 2 3 4 5 6 7 8 9 10km 水平距離

※下りは高尾山口駅との標高差を表記しています

←秋から春の快晴時には富士山が美しく望める小仏城山
↑春の尾根道は桜やツツジが咲き競い華やかだ

宿副都心方面を望む。茶屋を囲むようにテーブルやベンチが置かれ、弁当を開く人も多い。

いったん下り、登り返すと真新しい木製の展望台がある❹一丁平（いっちょうだいら）。少し先の園地にはテーブルやベンチ、トイレもある。桜並木の尾根を下り、もみじ台へ続く急な階段は頑張りどころ。後ろを振り返って眺望を楽しみ、息を整えて登ろう。もみじ台にも茶店があり、見晴らしもよい。この先、急な石段を登り詰めると❺高尾山（たかおさん）の山頂だ。茶店やビジターセンターが並ぶ広場になっていて、展望台からは富士山や丹沢の山々が望める。❻薬王院（やくおういん）を参拝したら、❼高尾山駅（たかおさんえき）からケーブルカーで❽清滝駅（きよたきえき）に下り、高尾山口駅（たかおさんぐちえき）へ。駅に隣接

して❾京王高尾山温泉（けいおうたかおさんおんせん）／極楽湯（ごくらくゆ）がある。

（写真・文　内田　晃）

食べる

城山茶屋

小仏城山の山頂で三代続く茶店。名物のなめこ汁300円は地元の豆腐とその仕込み水を使い、醤油仕立てで作る。トロッとした温かい汁を啜るとほっとする。☎042-665-4933　🕘9時30分〜17時（土・日曜、祝日は9〜17時）　🈺荒天日（冬期は要問合せ）

南高尾山稜
みなみ たか お さん りょう

東京都
神奈川県

初級

標高

536m
［大洞山］

標高差

登り：**139**m
下り：**345**m

総歩行距離

9.2km

歩行時間

4時間**30**分

難易度：体力

★★☆

難易度：技術

★☆☆

大洞山から金比羅山にかけての縦走路。ときおりトレイルランナーと出会うこともある

立ち寄り温泉 京王高尾山温泉
けいおうたか お さん

☎042-663-4126

京王高尾山温泉 / 極楽湯
けい おう たか お さん おん せん ごく らく ゆ

高尾山登山の後に最適の温泉でさっぱり！

2015年10月の開館以来、わずか2年半で100万人の来館者を記録した日帰り温泉施設。男女それぞれに7種類の風呂（サウナ含む）があり、露天風呂では天然温泉や人工炭酸泉、内湯では替わり湯など、ちょっとした湯めぐりが楽しめる。湯上がりには畳敷きの「うたた寝処」で横になったり、手もみの「ほぐし処」で山歩きの疲れを癒やしたりするのもいい。入館料は1日単位なので、時間を気にせずにくつろげる。

↑美容効果も期待できると特に女性に人気の露天炭酸石張り風呂
→高尾山口駅に隣接する施設は2階建てで、最上階に風呂がある

🕐8～23時　休無休
🅿1000円（土・日曜、祝日、繁忙期は1200円）
【泉質・泉温】アルカリ性単純温泉・26.2度
【風呂の種類】内湯2（男1・女1）、露天2（男1・女1）
【その他の施設】食事処（9～23時）、マッサージ、休憩室など　🅿110台

欄外情報 このコース上には茶店やトイレは一切ないので、相模湖駅を出発する前に必ず用便を済ませてからバスに乗車すること。また、お弁当や行動食、飲料水は必携品。単独行は控えたい。

大垂水峠から高尾山口まで
広葉樹の森をさまよう尾根歩き

❶**大垂水バス停**で下車して少し戻って登山道に入り、小仏城山方面への道を左に分け、歩道橋を渡って行くのが南高尾山稜コースだ。山腹を巻き気味に登り、ベンチが並ぶ尾根上に出ると、もうひと登りでこのコースの最高点の❷**大洞山**。テーブルとベンチはあるが、視界は開けない。ここからはアップダウンの連続する尾根歩きで、ときどき植林の中も歩く。金比羅山の前後はかなりの急坂だ。鉄塔下に出ると巻き道もある❸**中沢山**

への急坂。観音像が安置された山頂から下って巻き道と合流する地点は、3本の桜の古木とベンチがある休憩ポイントになっている。

中沢山から下り、杉の植林を抜け出すと津久井湖を眼下に、丹沢方面の山並みや快晴時には富士山も望める展望所がある。植林の中にある西山峠を過ぎると、やがて左手が植林、右手が広葉樹の道になる。❹**泰光寺山**にも巻き道があるが、静かな山頂はベンチがあるのでランチタイムに絶好だ。階段状の急斜面を下ったところが、尾根上の交差点になっている❺**三沢峠**。峰の薬師方面の道を右

ACCESS ◆ アクセス

【電車・バスで】行き：JR中央本線相模湖駅→神奈川中央交通西バス14分・280円→大垂水
帰り：極楽湯に隣接の高尾山口駅から帰途につく。JR中央線高尾駅への乗り換えは次の高尾駅で。
【車で】大垂水峠には駐車場がないので、高尾山口から逆コースを歩くのが普通。圏央道高尾山ICから国道20号経由で約2kmの高尾山口駅周辺に有料駐車場があるが、戻りのバスには要注意だ。

HINT ◆ ヒント

相模湖駅発の大垂水経由八王子駅北口行き一番バスは、8時台の次は11時台までなく、逆コースの大垂水経由相模湖駅行きのバスもあるが、一番バスは高尾山口駅発の10時台が始発なので、ここは相模湖駅発の一番バスに乗りたいところだ。

CONTACT ◆ 問合せ先

八王子市観光課☎042-620-7378
神奈川中央交通西・津久井営業所☎042-784-0661

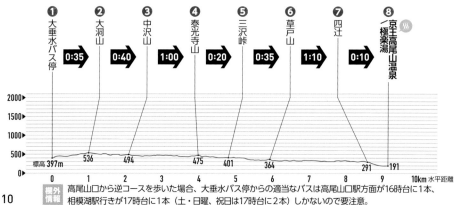

❶大垂水バス停 ▶ 0:35 ❷大洞山 ▶ 0:40 ❸中沢山 ▶ 1:00 ❹泰光寺山 ▶ 0:20 ❺三沢峠 ▶ 0:35 ❻草戸山 ▶ 1:10 ❼四辻 ▶ 0:10 ❽京王高尾山温泉／極楽湯

標高397m　536　494　475　401　364　291　191

欄外情報 高尾山口から逆コースを歩いた場合、大垂水バス停からの適当なバスは高尾山口駅方面が16時に1本、相模湖駅行きが17時台に1本（土・日曜、祝日は17時台に2本）しかないので要注意。

↑中沢山下の展望休憩所からは快晴時に富士山も望める
←コース半ばにある三沢峠は尾根上の交差点
↗草戸山山頂の展望台からは相模湾が見える日もある

正面に高尾山を望む草戸峠。ここからの下りがきつい

に分け、榎窪山（えのくぼやま）の小ピークを踏んで下り、東屋のあるふれあい休憩所からは急下降。登り返すと立派な展望台がある❻草戸山（くさどやま）だ。

　草戸山から下って登り返すと、高尾山を一望する草戸峠。ここから下山になるが、何度も小ピークを登り下りする尾根道が続き、疲れた脚にはかなりこたえる。初沢やJR高尾駅への道が分岐する❼四辻（よっつじ）で「高尾山口駅0.3km」

の標識に励まされて左の道を下る。民家の脇から舗装路に出て左へ進み、国道20号を右折すると、まもなく左手に京王線の高尾山口駅が見えてくる。その駅に隣接する❽京王高尾山温泉（たかおさんおんせん） / 極楽湯（ごくらくゆ）でひと風呂浴びて帰ることにしよう。　　　　　（写真・文／飯出敏夫）

東京都
神奈川県

初級

標高
855m
[陣馬山]

標高差
登り: **568**m
下り: **657**m

総歩行距離
14.7km

歩行時間
5時間**20**分

難易度：体力
★★★

難易度：技術
★★☆

景信山から陣馬山
かげのぶやま　じんばさん

シンボルの白馬像が立つ陣馬山の山頂。奥高尾山稜随一の大パノラマが広がる展望台だ

↑石造りの内湯はジェット機能付きで快適。耳を澄ますと沢音が聴こえる
←陣馬の湯には3軒の宿が沢沿いに点在。陣渓園はちょうど中ほどに位置する

立ち寄り温泉　　　　☎042-687-2537

旅館 陣渓園
りょかん じんけいえん

栃谷川の清流沿いに立つ宿の立ち寄り湯

ここは古くは二色鉱泉といっていたが、いつしか陣馬の湯と呼ばれる清遊の地になった。その後二色鉱泉の湯は使われなくなり、現在は3軒の旅館とも風呂は沸かし湯なので厳密には鉱泉とはいえないと思うが、陣馬山から下山して汗を流して帰るのには絶好の場所にあるので加えることにした。この宿は気軽に立ち寄り湯を受け付けているほか、2人以上で予約して行けば猪鍋定食や鮎定食（各2420円）、会席料理（4840円〜）などを味わうこともできる。

立ち寄り湯10〜18時　無休　1000円
[泉質・泉温] 泉質名なし・不明
[風呂の種類] 内湯2（男1・女1）
[その他の施設] 客室8室（1泊2食付き1万890円〜）、食事も可（10〜18時、2名以上で要予約）　**P**15台

欄外情報 入浴してから帰途につきたいので、陣馬の湯経由藤野駅に出るプランにしたが、明王峠から相模湖駅（徒歩約2時間）、陣馬山から陣馬高原下バス停（徒歩約1時間15分）に下るコースもよく利用されている。

高尾山から陣馬山へとのびる尾根筋は一般に奥高尾と呼ばれ、初級者向けの絶好のハイキングコースになっている。小仏（ぼとけしろやま）城山、景信山、陣馬山が展望台の代表格で、このコースではそのうちの2つのピークを踏む。多くを樹林帯が占め、距離はけっこう長いが、アップダウンは比較的ゆるやかで、尾根歩きの楽しさを満喫できるコースだ。

小仏から景信山への登りがきつい程度で、あとはほとんどが散策気分で歩ける尾根歩き。ただ、景信山から下る黒土部分など、濡れていると滑るので要注意。眺望がきくのは午前中なので、高尾駅北口発7時台（平日は6時台もある）の一番バスに乗るか、タクシーを利用するなどして、できるだけ早い時間に景信山に立ちたいところだ。

約1時間の急な登りのご褒美は 景信山からの感動的な大展望

スタートは❶小仏（こぼとけ）バス停。沢沿いに上流に向かって車道を歩くこと10分ほどで景信山登山道が右手の山側に分かれる。樹間のいきなりの急登が続いた後、コナラなどの美しい雑木林の道になり、景信山からのびる尾根にとりついたところが小下沢分岐。ここで左に折れて、尾根道から階段状の急坂を登り詰めた

ピークが❷景信山（かげのぶやま）の山頂だ。茶店が2軒あり、週末と祝日のみの営業だが、9時には開いているので朝食を摂ることもできる。東南が開け、八王子方面の市街地も眼下に望める。西側に回ると、富士山を望む場所もある。

雨上がりには難渋しそうな黒土の道をいったん下ると、ゆるやかなアップダウンの連続する樹林の中の尾根歩きになる。杉や檜の植林もあるが、広葉樹も混在し、山桜の古木も

【 ACCESS ◆ アクセス 】
【電車・バスで】行き：JR中央本線・京王線高尾駅→京王バス20分・240円→小仏
帰り：陣馬登山口→神奈川中央交通西バス7分・180円→JR中央本線藤野駅。
【車で】中央自動車道相模湖ICから国道20号・都道522・531号経由で約13kmの和田峠有料駐車場から陣馬山に登るのが一般的。小仏峠登山口の8台の駐車スペースは早朝に満車になることが多い。

【 HINT ◆ ヒント 】
陣馬登山口バス停から藤野駅行きのバスは約1時間に1本しかない。時間が合わない場合は藤野駅まで歩いても25分程度だ。

【 CONTACT ◆ 問合せ先 】
八王子観光協会☎042-643-3115
藤野観光案内所ふじのね☎042-687-5581
京王バス寺田支所☎042-666-4607
神奈川中央交通西・津久井営業所☎042-784-0661

←日の出を見て帰るハイカーも多い景信山の山頂
↑迂回する巻き道もある、堂所山への急登
→絶好の休憩ポイントになっている明王峠

散見する道が続く。❸堂所山（どうどころやま）の登りは木の根が這う急坂なので、巻き道を歩く人も多い。そのおかげで山頂は静かで、大岳山方面の山並みを眺めて、ベンチでひと息つける。

昼間でも暗い印象の植林の中、相模湖方面と陣馬高原下への道を左右に分ける底沢峠を過ぎると、ほんのひと登りで茶店とトイレ、ベンチがある❹明王峠（みょうおうとうげ）。明るい印象の峠なので、ここで休息するハイカーも多い。

ゆるやかな尾根道から少し登ると陣馬山の360度のパノラマ台

明王峠から陣馬山にかけての道は楽しい。南側の明るい植林、北側の広葉樹の森に挟まれたほぼ平坦の散歩道のような尾根歩きがしばらく続く。陣馬の湯を経て藤野駅方面に下る道が分かれる奈良子峠から先は階段状の登り坂もあるが、それほど苦にはならないだろう。右から陣馬高原下方面からの道を合わせ、左に栃谷尾根経由で陣馬の湯方面への道を分けると、最後のひと登りで❺陣馬山（じんばさん）の山頂だ。茶店の屋根が見え、続いてシンボルの白馬像が目に飛び込んで来る。山頂からの展望は素晴らしく、丹沢、富士山、大菩薩嶺、奥多摩、奥秩父、関東平野から副都心の高層ビル群と文字どおりの360度のパノラマが広がる。冬の快晴時には相模湾や江の島、筑波

山、南アルプス、上越や奥日光の山々にまで視界が届くという。大展望を堪能したら、栃谷尾根を陣馬の湯へ下ろう。植林の多い下りから茶畑に出ると栃谷の集落で車道に飛び出す。カーブを重ねて❻栃谷分岐（とちやぶんき）まで下り、左の上流側に10分ほど歩くと❼旅館 陣渓園（りょかん じんけいえん）。❽陣馬登山口バス停（じんばとざんぐちていバスてい）のバスの時間を確認してから、ゆっくりと汗を流して帰ることにしよう。

（写真・文／飯出敏夫）

明王峠と奈良子峠の間はほぼ平坦の尾根道を歩く | 奈良子峠から陣馬山へは階段状の登り坂もある

食べる

三角点 かげ信小屋

景信山の山頂に立ち、先代が昭和3年（1928）に開業したという、奥高尾ではもっとも歴史のある茶店だ。なめこうどん600円（写真）、なめこ汁350円などが好評。☎042-661-2057 ⚲土・日曜、祝日の9〜16時頃（冬期は〜14時30分頃）🈳平日と荒天日

食べる

富士見茶屋

昭和6年（1931）創業の、陣馬山頂に立つ茶店。屋外のテーブル席で丹沢や富士山を眺めながら味わう、自家製野菜がたっぷりのけんちん汁700円（写真）、みそこんにゃく400円などが名物。☎042-687-2733 ⚲土・日曜、祝日の9〜16時頃　🈳平日と荒天日

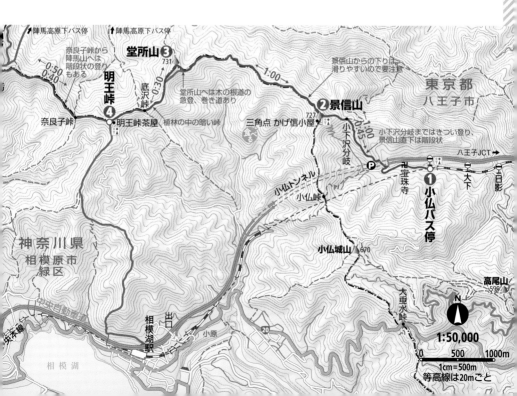

1:50,000

0　500　1000m
1cm＝500m
等高線は20mごと

東京都 埼玉県

中級

標高
969m
[棒ノ折山]

標高差
登り: **726**m
下り: **717**m

総歩行距離
13.8km

歩行時間
6時間**40**分

難易度：体力
★★★

難易度：技術
★★☆

岩茸石山から棒ノ折山

高水三山の盟主・岩茸石山の山頂から正面に望む、棒ノ折山へと続く長大な尾根

↑こちらは女性用の大浴場。外には露天風呂と快適なウッドデッキがある
←フローリングのラウンジにはマッサージ機もあってくつろげる

立ち寄り温泉 名栗温泉 ☎042-979-1212

さわらびの湯

木材の香りが漂う日帰り温泉施設

モダンな外観が目を引く日帰り温泉施設。館内は、地元特産の西川材を贅沢に使用し、檜や杉の心地よい木の香りに包まれている。お風呂は大浴場やサウナに加え、緑の木々に囲まれた露天風呂からの眺めも良く、湯は疲労回復や筋肉痛、神経痛等に効果的。売店は特産物やみやげ品を中心に充実しており、好評だ。1階には広間やラウンジがあり、食事処はないが飲食物の持ち込みが可能。アルコール類はビール・酎ハイ・ノンアルコールなどを販売する自動販売機がある。

🕒10〜18時 休第1水曜（祝日の場合は営業）
料3時間以内800円
【泉質・泉温】アルカリ性単純硫黄冷鉱泉・16.8度
【風呂の種類】内湯2（男1・女1）、露天2（男1・女1）
【その他の施設】休憩室、ラウンジ、売店 P100台

欄外情報 御嶽駅から惣岳山、岩茸石山を経て棒ノ折山、上日向へと続く縦走路は「関東ふれあいの道」の「山草のみち」として整備されたルートでもある。さまざまな山草が咲くが、特に春のスミレが見もの。

▶ポイント JR青梅線軍畑駅から歩き出し、高水山と岩茸石山のピークを踏み、さらに東京都と埼玉県の県界尾根を縦走して埼玉県の名栗渓谷に下るロングコース。本書収録のコースの中ではもっともハードな、歩きごたえのある健脚向きのコースだ。大部分が「関東ふれあいの道」として整備状態はいいので、体力をつけてからチャレンジしたい。

▶アドバイス ハイキングの適期は春と秋で、夏は発汗などの消耗が激しく、冬は雪が心配なのでおすすめできない。春と秋は日が短いので、可能なかぎり早い時間に出発したいところだ。水場は登山口先の沢で得られることもあるが、その先は下山するまで皆無なので、最初から多めに持参すること。トイレも常福院から先は下山するまでないので要注意。

▶ 名刹・常福院参道の登山道から まずは高水三山の2山をめざす

スタートはJR青梅線❶軍畑駅。改札を出て左へ、踏切を渡って下ると広い車道に出る。車道を北に進み、平溝橋（ひらみぞばし）のたもとで左折。沢沿いに歩き、標識に従って右の坂道に入る。高源寺を右に見て、民家の軒先を過ぎるとまもなく車道終点の堰堤下で、ここが❷登山道入口（とざんどういりぐち）だ。急な石段で堰堤の左を通過し、沢沿

いの道からまもなく杉の植林の急な登りになる。尾根にとりつき、さらに登ると高水山からのびる尾根に出て、ゆるやかな勾配の道になるとまもなく真言宗の古刹常福院。その裏手の山が❸高水山で、すぐ下の展望地からは御岳山から日の出山を目前に、大山など丹沢の山々が望める。

高水山からいったん急坂を下って尾根道を進み、左に惣岳山（そうがくさん）方面への巻き道を分けて正

ACCESS ◆ アクセス

【電車・バスで】行き：JR青梅線軍畑駅
帰り：さわらびの湯→国際興業バス41分・630円→西武池袋線飯能駅。
【車で】軍畑駅周辺には駐車場はない。マイカー登山には不向きなコースだが、さわらびの湯の登山者用駐車場（入浴者に限る）を利用して棒ノ折山の往復も可能。さわらびの湯までは関越自動車道川越ICから国道16・299号・県道70・53号経由で約35km。

HINT ◆ ヒント

さわらびの湯からのバスは平日と土・日曜、祝日では本数が異なるので、事前の確認が肝要。JR青梅線に戻るほうが便利な人は終点手前の東飯能駅入口バス停で降りるとJR八高線で拝島駅に出られる。

CONTACT ◆ 問合せ先

青梅市観光協会☎0428-24-2481
飯能市観光協会名栗支部☎042-979-1515
国際興業バス飯能営業所☎042-973-1161

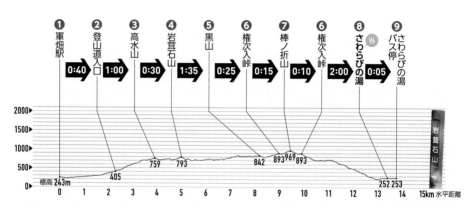

←常盤の前山手前から見た大岳山（左奥）と御前山（右奥）、富士山の頭
↑ミズナラが美しい黒山の山頂は貴重なレストポイント

面の急登に入る。その林間の急坂を突き抜けたところが、北東方面の視界が大きく開ける❹岩茸石山の山頂。これから歩く黒山から棒ノ折山に続く長大な稜線を正面に、川苔山や秩父の武甲山などの山並みが一望できる。

岩茸石山から望む長大な尾根に気を引き締めて棒ノ折山へ向かう

岩茸石山から北側に下る急坂が縦走路で、下り切った林間の鞍部が左に大丹波・川井駅方面、右に上成木方面への道が分岐する名坂峠。ここから黒山まで小ピークの登り下りがこれでもかというくらいに連続し、体力を消耗させられる尾根歩きだ。途中、大岳山からのびる馬頭刈尾根の上に富士山が顔をのぞかせる展望地があるくらいで、あとはずっと林間ルートになるが、広葉樹が多いのが慰めになる。ようやく黒山かと思ったところは常盤の前山、ここかと思うと逆川ノ丸と何度かガ

ッカリさせられたあと、ようやくにしてミズナラに囲まれた❺黒山に到着する。

ここからさらに植林の中をひと登りしたところが、名栗からの道が合流する❻権次入峠。気力を振り絞って❼棒ノ折山を往復し、いやになるほど長く感じる尾根道を❽さわらびの湯へと下る。ゆっくりと汗を流して休憩をとり、❾さわらびの湯バス停から帰途につこう。　　　　　　（写真・文／飯出敏夫）

棒ノ折山の広々とした山頂からは大パノラマが望める

COLUMN

棒ノ折山と棒ノ嶺

標識にも東京都側は「棒ノ折山」、埼玉県側は「棒ノ嶺」と表記されていて紛らわしい（写真参照）。著名な山岳家でもある武田久吉博士は『武蔵通志』に記された「棒折山」が正しい、と考証している。一方、名栗側では昔からこの山を坊ノ尾根と呼び、それが棒ノ嶺になったとの説もある。本書では棒ノ折山に統一して紹介した。

高水山の山頂直下に鎮座する常福院

東方に高水山を望む岩茸石山の山頂

岩茸石は名栗に下る尾根上の交差点

名郷

埼玉県
飯能市

金比羅山
△660

さわらびの湯
バス停

有間林道

名栗湖

仁田山峠
401

有間ダム

河又名栗湖入口
やませみ
ノーラ名栗

0:05

さわらびの湯 ⑨

さわらびの湯 ⑧

P

滝ノ平尾根

2:30
2:00

林道を三度横断し、
展望所から下は植林
の中を一気に下る

名栗川橋

727

棒ノ折山
⑦
△969

0:15
0:10

岩茸石

893

権次入峠 ⑥

明るい植林を登ると
権次入峠はすぐ

0:25
0:20

黒山 ⑤
△842

70

名栗温泉大松閣

飯能駅

百軒茶屋
キャンプ場

逆川ノ丸

上日向

常盤の前山

△841

東橋

1:35

度となくアップダウンを
繰り返す尾根道。1カ所だけ
展望が開けるところがある

東京都
奥多摩町

八桑

名坂峠

岩茸石山 ④
△793

0:30

高水山 ③
△759

常福院 卍

1:00
0:45

高水山からの下りと
岩茸石山の登りは急坂

惣岳山
△756

沢沿いから植林の
尾根を詰める急坂

堰堤

登山道入口 ②

高源寺 卍

川井駅

御嶽駅

青渭神社

沢井駅

軍畑駅 ①

JR青梅線

411

雷電山
△494

青梅市

平溝橋

0:40
0:30

311

青梅丘陵

二俣尾駅

奥多摩橋

ケーブル下

滝本駅

N

1:50,000

0   500   1000m

1cm＝500m
等高線は20mごと

石神前駅

立川駅

東京都	
中級	

標高

1267m
［大岳山］

標高差

登り：**430**m
下り：**935**m

総歩行距離

12.9km

歩行時間

5時間45分

難易度：体力

★★★

難易度：技術

★★★

大岳山から鋸尾根

快晴の日にはこの山々の上に富士山が姿を見せる、ハイカーでにぎわう大岳山の山頂

↑眼下を流れる多摩川のせせらぎが聴こえる、木を多用した露天風呂

←多摩川沿いの旧道に面して立つ和風の外観。入口手前に足湯がある

立ち寄り温泉 ▶ 奥多摩温泉 ☎0428-82-7770

奥多摩温泉 もえぎの湯

奥多摩駅から徒歩10分にある日帰り温泉

多摩川の断崖上に立つ奥多摩町営日帰り温泉施設。遅めの時間まで営業しており、奥多摩駅から徒歩10分と近く便利だ。風呂はバイブラ装置付きの石造りの内湯と、そこから階段を数段下りた斜面に木を多用した露天風呂が2カ所あり、月替りで男女交替制。湯はpH9.9の高アルカリ性で、肌がつるつるになる。規模が大きくないので、夏期や週末は入場制限もしばしば。

🕐4〜11月は10〜20時（12〜3月は〜19時、各1時間前受付終了）
🈹月曜（祝日の場合は翌日）　💴3時間以内850円
［泉質・泉温］温泉法上の温泉（ふっ素・メタほう酸）・18.9度
［風呂の種類］内湯2、露天2（男女月替り交替制）
［その他の施設］レストラン（10時30分〜19時、12〜3月は〜18時）、足湯　Ｐ40台

欄外情報 P23のコラムで紹介した駒鳥売店では、夏には食堂の窓際の席からキレンゲショウマとレンゲショウマの花の競演が見られる。花期にはこの花の観賞を目的に訪れる人もいるほどの人気スポットになっている。

ポイント 遠くの山から奥多摩方面を望むと、ひときわ高い三角錐のピークが大岳山だ。標高は1267mと傑出した高さではないが、そのシンボリックな美しい山容がハイカーを魅了する。御岳登山ケーブルを利用すれば、丹沢方面の山並みと富士山の眺望が魅力的な山頂に意外に容易に立てる。このプランは大岳山から険しい岩峰が連続する鋸尾根を経て奥多摩駅に下るコースで、ある程度山歩きに慣れた人向けのコースになっている。

アドバイス 大岳山への途中にもクサリ場があり、鋸尾根はクサリ場やハシゴもある岩場の連続。しっかりとした足固めが必要だ。水場は芥場峠の登りにさしかかる手前にあるが、その先はないので飲料水と食料は必携。トイレは大岳山荘（閉鎖）の前にあるだけだ。

山腹を横巻きする散策コースから芥場峠を経て尾根筋を大岳神社へ

❶御岳山駅から❷御岳山までは門前の集落と石段の参道を約30分。その石段途中の随身門の上で大岳山へのルートが分かれる。まずは武蔵御嶽神社に参拝して山行の無事を祈念してからスタートすることにしよう。

しばらくは山腹を横巻きする、ほぼ平坦の快適な散歩道。天狗の腰掛け杉のところで奥の院経由で大岳山に向かうルートを右に分けると、まもなく水場があり、この先でロックガーデンへ下る道が左に分岐する。ここから登り坂になり、東屋を左に見て雑木林の斜面にのびる道を行く。登り着いた尾根が❸芥場峠。右に尾根道を進むと、すぐ先で奥の院からの道が合流する。クサリ場もある岩場を抜け出すと、やがて大岳山荘（閉鎖）の建物が見えてくる。山荘前の広場は馬頭刈尾根

ACCESS ◆ アクセス

【電車・バスで】行き：JR青梅線御嶽駅→西東京バス10分・290円→ケーブル下→徒歩3分→滝本駅→御岳登山ケーブル6分・600円→御岳山駅
帰り：JR青梅線奥多摩駅。
【車で】圏央道青梅ICから都道63号・国道411号経由で約19km。滝本駅に有料駐車場がある。ここに車を駐め、奥多摩駅→御嶽駅→駐車場と戻ることになるが、このプランでは公共交通の利用が無難だろう。

HINT ◆ ヒント

土・日曜、祝日は奥多摩方面を直通で結ぶ「ホリデー快速おくたま」が便利だ。行程が長いので、御嶽駅からのバス（午前7時台から運行）は早めに乗りたい。

CONTACT ◆ 問合せ先

青梅市観光協会☎0428-24-2481
奥多摩ビジターセンター☎0428-83-2037
西東京バス氷川車庫☎0428-83-2126
御岳登山鉄道☎0428-78-8121

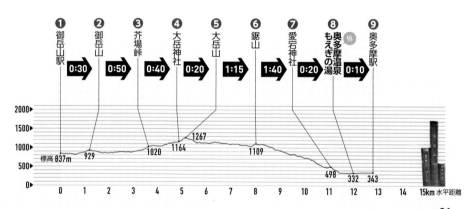

↑老杉が目を引く大岳神社の脇を登って山頂をめざす
→この岩場を突き抜けると大岳山の山頂はもうそこだ
←鋸尾根の展望地からは氷川の集落が眼下に望める

や青梅市街を眺望する絶好の休憩ポイントだったが、現在はヘリポートになっていて立入禁止。ここに設置されたトイレは利用できる。

❹**大岳神社**の鳥居をくぐり、社殿脇から老杉を見上げながら登ると、まもなく急峻な岩場になる。ここを抜け出すと、突然といった印象で❺**大岳山**の山頂に飛び出す。小広場になった山頂からは西北の視界が開け、丹沢の山々や富士山が望める。ほとんどの人がお弁当を開くビューポイントである。

▶ 大岳山頂から樹林の中の鋸山へ この先は鋸尾根の岩場を急下降

大岳山の山頂からしばらくは急下降になるが、それからは静かな雑木林の中の尾根歩きになる。御前山・月夜見山方面へ直進する道を見送って、雑木林と植林の間にのびる尾根道を登り、その頂点が❻**鋸　山**だ。ベンチはあるが、視界は杉林に覆われていてほとん

ど開けない。ここからは延々と続く鋸尾根を下る。ハシゴが架かる岩場や木の根道の連続なので、慎重に下りたい。途中、展望が開ける岩場に立つと、これから下る氷川の集落が眼下に一望できる絶景ポイントもある。

尾根上の天聖神社の小祠と天狗像の石碑を拝して下ると、深い樹林帯に入る。植林の間を下っていったん車道を横断し、急な石段の参道を登って❼**愛宕神社**の裏側に回ると、今度は氷川に向かって一直線に下る急な長い石段だ。石段が終わり、なおも下ると車道に出るので、ここを右折。わさび店の山城屋の前を過ぎ、少し先で標識に従い左折、多摩川に架かる歩行者専用のもえぎ橋を渡るのが、❽**奥多摩温泉　もえぎの湯**への近道だ。電車の発車時刻を確認し、汗を流して❾**奥多摩駅**へ向かおう。　　　　（写真・文／飯出敏夫）

うっそうと茂る植林の中で視界が開けない鋸山の山頂

露岩や木の根が張り出した鋸尾根の険路を慎重に下る

食べる　🍴

駒鳥売店

武蔵御嶽神社の石段下の参道に面したところにあるみやげ＆食事処。早朝なら、名水で淹れたコーヒーワッフルセット750円（写真）がおすすめ。食事なら、名物とろろそば950円などが人気だ。

☎0428-78-9298

🕘9〜17時　休不定休

買う　¥

山城屋

江戸末期からわさび栽培を続ける老舗で、もえぎ橋に向かう途中の道に面して店を構える。人気は本わさび漬・数の子山海漬・岩のり風味わさび各500円。手頃な奥多摩みやげとして喜ばれている。

☎0428-83-2368

🕘9〜17時　休無休

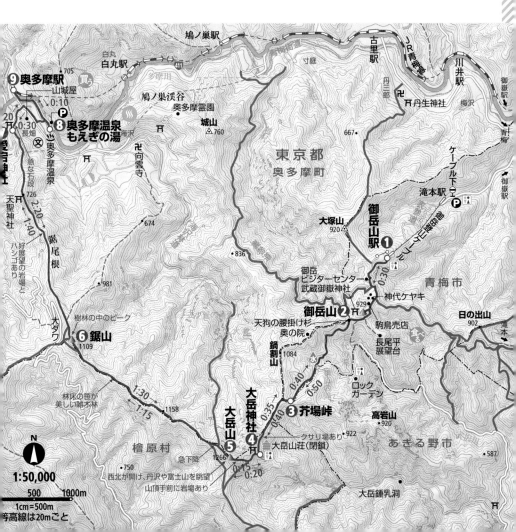

| 東京都 |
| 入門 |

標高

929m
［御岳山］

標高差

登り： 94m
下り： 562m

総歩行距離

6.8km

歩行時間

2時間20分

難易度：体力
★☆☆

難易度：技術
★☆☆

御岳山から日の出山

標高902mながら大展望が広がる日の出山は、多くのハイカーに親しまれている奥多摩きっての人気の山だ

↑こちらは和風風呂「美人の湯」のサウナ付き大浴場。外に露天岩風呂がある

←武蔵五日市駅とつるつる温泉を結ぶバス。午後はほぼ機関車型車両で運行

立ち寄り温泉 生涯青春の湯 ひので 三ツ沢つるつる温泉 ☎042-597-1126

生涯青春の湯 つるつる温泉

肌がつるつるになる"美肌の湯"

日の出山のほぼ東麓に立つ日の出町営日帰り温泉施設。肌がつるつるになる泉質と充実した施設が人気を呼び、圏央道の開通で各地から多くの人が訪れる。洋風風呂「生涯青春の湯」（男性偶数日）と和風風呂「美人の湯」（女性偶数日）があり、それぞれサウナ付き大浴場と露天風呂を備える。食事処もパノラマ食堂と食事処兼大広間があるのでくつろげる。

🕐10～19時（18時受付終了）　🈺第3火曜（祝日の場合は翌日）　💴3時間以内860円（平日18時以降は650円）
［泉質・泉温］アルカリ性単純温泉・27.1度
［風呂の種類］内湯2、露天2（男女日替り交替制）
［その他の施設］パノラマ食堂（11時～18時30分LO）、食事処（11時～18時30分LO）兼大広間、個室（有料）、マッサージコーナーなど　🅿130台

欄外情報 このコースは花も楽しみ。人気は8月中旬～9月初旬にかけて咲くレンゲショウマで、御岳山駅近くの富士峰公園の北東斜面が可憐な花に埋め尽くされる。同時期は鮮やかなピンクのシュウカイドウの花も美しい。

ポイント 御岳山と日の出山の標高差27mでもわかるように、手軽に登れる山だが、そこからの眺望は素晴らしい。2山を結ぶルートはゆるやかで、武蔵御嶽神社参道の石段と日の出山直下の登りに汗をかく程度だ。

アドバイス 初心者向きコースで、これといった難所はないが、日の出山からの下りはしばらく急傾斜を歩く。浮き石でスリップや転倒する恐れもあるので慎重に。靴はハイキングシューズ程度、雨具と飲料水は必携だ。

▶ 武蔵御嶽神社と日の出山から パノラマを満喫して美肌の湯へ

　標高差424mを6分で登った御岳登山ケーブル❶御岳山駅がスタート地点。右手の展望広場から高水三山や多摩川、関東平野の眺めを満喫したら出発だ。夏ならレンゲショウマの花を観賞してからスタートしたい。駅前から左手へ舗装された遊歩道を進むと、まもなく前方に信仰登山の先導を務める御師の宿が立ち並ぶ山上集落、その上に武蔵御嶽神社、左手に日の出山が見えてくる。集落内の登り坂にさしかかると、神代ケヤキの古木が姿を現す。❷神代ケヤキ下が日の出山への分岐点だが、まずは武蔵御嶽神社へ。みやげ店兼食堂の間を抜けると大鳥居下に出て、ここから急な石段の参道になる。

武蔵御嶽神社からの眺め。正面の山が日の出山だ

ACCESS ◆ アクセス

【電車・バスで】 行き：JR青梅線御嶽駅→西東京バス10分・290円→ケーブル下→徒歩3分→滝本駅→御岳登山ケーブル6分・600円→御岳山駅
帰り：つるつる温泉→西東京バス20分・410円→JR五日市線武蔵五日市駅。
【車で】 圏央道青梅ICから都道63号・国道411号経由で滝本駅有料駐車場まで約19km。マイカーの場合は日の出山までの往復ハイキングが一般的。

HINT ◆ ヒント

このコースでは歩き足りない人には、JR青梅線日向和田駅から三室山経由のコースがおすすめだ。日向和田駅から日の出山まで、登り約3時間30分。

CONTACT ◆ 問合せ先

青梅市観光協会☎0428-24-2481
西東京バス氷川車庫☎0428-83-2126
御岳登山鉄道☎0428-78-8121
西東京バス五日市営業所☎042-596-1611

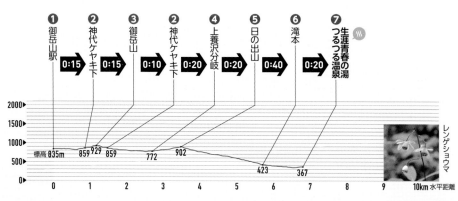

❶御岳山駅　0:15　❷神代ケヤキ下　0:15　❸御岳山　0:10　❷神代ケヤキ下　0:20　❹上養沢分岐　0:20　❺日の出　0:20　❻滝本　0:40　❼生涯青春の湯つるつる温泉　0:20

標高835m　859　929　859　772　902　423　367

2000▶
1500▶
1000▶
500▶
0▶
　0　1　2　3　4　5　6　7　8　9　10km 水平距離

レンゲショウマ

日の出山の山頂直下、東雲山荘手前の登り坂を行く

日の出山から振り返ると、御岳山が指呼の間に

❸御岳山上に鎮座する武蔵御嶽神社は崇神天皇7年（紀元前90年）創建と伝わる古社。社殿前からは展望が広がり、正面に日の出山が近い。神社の裏手に回り込んだところが山頂だ。❷神代ケヤキ下から日の出山への登山道は平坦な部分が多く、歩きやすい。杉林の中の道を少し下った❹上養沢分岐から先で登り坂になる。階段状の坂を登り詰めた尾根上に東雲山荘と公衆トイレがあり、山頂はもうひと息。❺日の出山の山頂は細長い展望広場の趣。東屋とベンチがあり、関東平野や都心方面、奥多摩の山々の眺めが満喫できる絶好の休憩ポイントだ。

山頂からは「つるつる温泉」の案内標識が随所に出るので、それに導かれて下る。しばらくは小石が浮いた急下降の道だが、やがて杉林の中に入り、さらに下って車道に飛び出したところが❻滝本。ここから❼生涯青春の湯 つるつる温泉までは20分ほどの車道歩きになる。　　　　（写真・文／飯出敏夫）

丹波天平
（たばでんでいろ）

標高

1412m
［サヲウラ峠］

標高差

登り：**785**m
下り：**809**m

総歩行距離

8.7km

歩行時間

5時間

難易度：体力
★★☆

難易度：技術
★★☆

稜線上の交差点、サヲウラ峠。南側の視界が開け、富士山も顔を出す

立ち寄り温泉 丹波山温泉（たばやま おんせん） ☎0428-88-0026

丹波山温泉 のめこい湯
（たばやまおんせん）（ゆ）

このエリアで一番の良質と評判の硫黄泉

この付近では珍しい硫黄泉で、高温で湯量も豊富。pH9.8の強アルカリ性の湯は"美肌の湯"で、肌がつるつるになる。洋風の造りの大浴場と石造りの露天風呂がある「ローマ浴場」と、檜を使った大浴場と露天岩風呂がある「和風浴場」があり、男女日替り交替制。大浴場には大浴槽、高温浴槽などの複数の湯船やサウナもある。木をふんだんに使った造りで、入浴後は食事処や休憩室でゆっくりできる。

↑「ローマ浴場」の露天風呂。「和風浴場」の露天は岩風呂だ
→丹波川を吊橋で渡った右岸に立つ充実した内容の日帰り温泉施設

🕐10〜19時（18時受付終了）　🚫木曜（祝日の場合は翌日）
💰900円（15時以降は600円）
[泉質・泉温] 単純硫黄泉・41.7度
[風呂の種類] 内湯2、露天2（男女日替り交替制）
[その他の施設] 食事処（11時〜18時30分LO）、休憩室、
売店など　🅿100台

欄外情報 丹波山村から奥多摩駅行きのバスは、平日、土・日曜、祝日とも午後は3便だけ。帰るのに適当なのは平日、土・日曜、祝日とも15時台と18時台の2本だけなので、事前に確認して計画を立てたい。

ポイント 登り下りとも急傾斜の歩きごたえのある山道が続くが、登り着いたサヲウラ峠から丹波天平にかけての緩やかな尾根歩きは、まさに至福の散歩コース。訪れる人も少なく、静かな山歩きと森林浴が満喫できる。

アドバイス 平日の午前中は奥多摩駅から7時台のバスが1便あるだけなので、都心からこれに間に合わせるのは不可能に近い。奥多摩駅からタクシーを利用するか、土・日曜、祝日の8時台のバスを利用するのが得策だ。

急登と急下降が連続のアプローチ
尾根上は散策気分で歩ける美林帯

❶丹波バス停の先、民家のガレージに取り付けられた標識に従って右手に登る舗装の農道に入る。ジグザグに高度を上げて行くと、やがて右手山側に「サヲウラ峠 飛龍山方面入口」の掲示がある鹿除けの金網の扉が現れる。ここが**❷登山道入口**で、この扉を自分で開閉して山道に入る。杉林を抜け、取りついた尾根が**❸山王沢**。尾根の突端に石祠が祀られており、そこから丹波の集落が望める。

山王沢からは傾斜の樹林帯をひたすら登る。路面は枯葉が堆積していたり、土砂に埋もれていたりと整備状態は良くない。一部急傾斜のガレ場もあるので、慎重さが要求される。峠下になってようやく路面も落ち着き、樹間に大菩薩方面や富士山が頭を出す。登り着いた尾根上は交差点の**❹サヲウラ峠**。樹林に囲まれた峠だが、振り返ると丹波の山越しに富士山も頭を覗かせている。峠からの尾根歩きがこのコースのハイライト。北側は樹間越しに雲取山に続く尾根が見える広葉樹の森、南側はカラマツの美林。小さなアップダウンを繰り返しながら緩やかに下って行く。

ACCESS ◆ アクセス

【電車・バスで】行き：JR青梅線奥多摩駅→西東京バス54分・1030円→丹波 帰り：丹波山温泉→西東京バス52分・1030円→奥多摩駅。
【車で】中央自動車道大月ICから国道139号・県道経由で約35km。圏央道日の出ICから国道411号経由だと約50km。丹波山村役場付近に無料の公共駐車場があるが、混雑時でなければ道の駅たばやまの駐車場を利用することも可能だ。

HINT ◆ ヒント

ポイントは奥多摩駅から丹波行きのバス。午前中に丹波に行くバスは、土曜・休日は8時台と11時台の2本あるが、平日は奥多摩駅7時台のみで間に合わせるのは至難の技。土曜・休日に出かけたい。

CONTACT ◆ 問合せ先

丹波山村温泉観光課☎0428-88-0211
丹波山村観光案内所☎0428-88-0411
西東京バス氷川車庫☎0428-83-2126

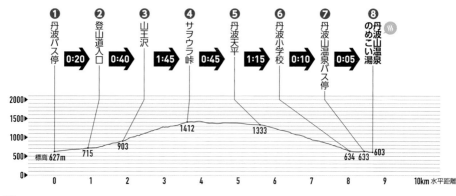

❶ 丹波バス停　0:20　❷ 登山道入口　0:40　❸ 山王沢　1:45　❹ サヲウラ峠　0:45　❺ 丹波天平　1:15　❻ 丹波小学校　0:10　❼ 丹波山温泉バス停　0:05　❽ 丹波山温泉のめこい湯

標高627m　715　903　1412　1333　634 633　603

2000▶ 1500▶ 1000▶ 500▶ 0▶

0　1　2　3　4　5　6　7　8　9　10km 水平距離

←サヲウラ峠の登りは荒れたガレ場もあるので要注意
↑北が広葉樹、南がカラマツ林の丹波天平へ続く尾根道

テレビアンテナが設置され、樹木が伐採されて広場状の❺丹波天平で右へ。カラマツ、次いでミズナラの純林帯を一気に下る。転げ落ちるような急斜面もあるので、滑落に要注意だ。やがて杉林を抜け出して突き当たった❻丹波小学校の柵を自分で開閉し、構内を歩いて国道に出たら左折。❼丹波山温泉バス停の下が道の駅たばやまで、丹波川に架かる吊橋を渡った対岸に❽丹波山温泉 のめこい湯がある。　　　　　　（文・写真／飯出敏夫）

食べる

道の駅たばやまの軽食堂

駐車場の片隅に建つ小さな店。丹波山名物の鹿肉料理が人気で、鹿ばぁーがー700円（写真）、鹿カレー900円、鹿ゴロッケ（コロッケ）250円など。
☎0428-88-0411（丹波山村観光案内所）
🕙10〜17時　無休

明るい広場状の丹波天平

飛龍山
三条の湯
❹サヲウラ峠
中川神社
南側に丹波の山並みと富士山を望む雰囲気のある尾根上の交差点
北側は広葉樹
天平尾根 ・1382
ガレ場あり滑落に要注意
南側はカラマツの植林のなだらかな尾根
0:50
0:45

雑木林の中の急坂視界開けず
1:45
1:30

山梨県
丹波山村

❺丹波天平
1343.0
天平尾根

山王沢❸
894
杉林の植林を登る
石祠ある尾根の張り出し、眺望よし
雑木林の中の急坂

0:30
0:40
鹿、イノシシ用の防護扉を開閉して通行

1:45
1:15

❷登山道入口

丹波中
❻丹波小学校
0:15
0:20

丹波バス停❶

道の駅たばやま
軽食堂
❼丹波山温泉バス停
0:10
0:05
❽丹波山温泉 のめこい湯
甲武キャンプ場

高尾
丹波山温泉
上野原IC
青梅街道
411

鴨沢・奥多摩湖
落滝

N
1:25,000
0 250 500m
1cm=250m
等高線は10mごと

東京都
中級

綾滝から馬頭刈尾根

標高
929m
［つづら岩下］

標高差
登り: **636**m
下り: **695**m

総歩行距離
7.7km

歩行時間
4時間**35**分

難易度：体力
★★☆

難易度：技術
★★☆

ほとんどが樹林の中のルート上での数少ない展望地、鶴脚山手前からの眺望

↑秋川渓谷の瀬音と山の緑が印象的な露天風呂。一角にはサウナも設置されている
←秋川渓谷沿いに立つ、外観・内装とも木をふんだんに使った瀟洒な建物

立ち寄り温泉 十里木・長岳温泉　☎042-595-2614

秋川渓谷　瀬音の湯

秋川渓谷沿いに立つ人気の温泉施設

日帰り客主体の温泉施設だが、宿泊できるコテージも10棟あり、建物は物産販売所とコテージ、レストランなどのある入浴棟に分かれている。ハイキング帰りでは気が引けるほど綺麗な施設だが、ハイカー用の荷物置き場を設けるなど配慮が行き届いている。温泉はpH10.1の強アルカリ性の"美肌の湯"だ。

🕐10～22時（21時受付終了）　🈺3・6・9・12月の第2水曜　🈁3時間以内900円
[泉質・泉温] 単純硫黄泉・25.8度
[風呂の種類] 内湯2（男1・女1）、露天2（男1・女1）、貸切風呂2（混浴不可。1時間1000円・別途入浴料）
[その他の施設] レストラン（11時30分～15時・17～20時LO）、カフェ（休業中）、休憩所、個室（有料）、物産販売所、コテージ（1泊朝食付き8000円～）など　🅿135台

欄外情報 滝のあるこのコースを選んだが、白倉から登って富士見台へ回るコース（プラス1時間）をとると、尾根から奥多摩や富士山の展望ポイントがある。富士見台は樹木が伸び、視界がさえぎられてしまった。

ポイント 大岳山から秋川渓谷に裾を落とす長大な尾根が馬頭刈尾根。このコースは、天狗滝と綾滝の2つの名瀑を経て馬頭刈尾根の中間付近のつづら岩下で尾根にとりつき、秋川渓谷瀬音の湯へ至るプランだ。展望はほとんど開けない尾根歩きになるが、新緑や紅葉、落ち葉を踏んでの冬の陽だまりハイキングには適したコースである。

アドバイス 綾滝までは沢沿いのルートだが、そこから先は急登になる。この登りさえ耐えれば、あとは比較的楽な尾根歩きが続く。光明（みょうさん）山から先は檜と杉の混成林の中の急下降の道になるので、雨の日などはちょっと苦労しそうだ。なお秋川渓谷 瀬音の湯バス停から適当な便がない場合は、バスの本数が多い徒歩10分ほどの十里木バス停まで出るといい。

林道の終点から沢沿いに歩き 天狗滝と綾滝を経て馬頭刈尾根へ

❶**千足（せんぞく）バス停**で下車すると、左前方に登山口となる柳沢林道が山側に向かってのびている。爪先上がりの舗装の道を進むと、まもなくトイレと4台ほどの駐車スペースがあり、その先は「一般の車両の通行はご遠慮ください」の看板が出る。まもなく車道が終わり、そこから林間に入る。すぐ山側を迂回するルートが右に分岐するが、ここは沢沿いの道を選択。天狗滝直下で沢を渡ってひと登りすると、さきほどの迂回路に合流する。杉の植林の中を登ると、やがて❷**綾滝（あやたき）**の瀑音が聴こえてくる。ここにはベンチもあり、千足からちょうど1時間ほど歩くので小休止していこう。綾滝から先は急登になり、足場の悪いところもある。登りついたところが❸**つづら岩下（いわした）**で、馬頭刈尾根の縦走路だ。左は富士見台を

ACCESS ◆ アクセス

【電車・バスで】行き：JR五日市線武蔵五日市駅→西東京バス26分・490円→千足 帰り：秋川渓谷瀬音の湯→西東京バス16分・330円→武蔵五日市駅。
【車で】中央自動車道上野原ICから県道33号・都道33号経由で千足登山口の駐車場（4台）まで約27km。ここに駐車したら馬頭刈山から引き返すのが普通。瀬音の湯まで歩いた場合、十里木バス停から払沢の滝入口経由数馬行きバスに乗り、払沢の滝入口バス停から駐車場へ徒歩20分ほどで戻れる。

HINT ◆ ヒント

千足バス停に停まる藤倉行きバスは、便数が少ないので事前に確認を。それ以外は便数の多い払沢の滝入口まで乗り、千足の登山口まで10分ほど歩く。

CONTACT ◆ 問合せ先

檜原村観光協会☎042-598-0069
あきるの市観光協会五日市支部☎042-596-0514
西東京バス五日市営業所☎042-596-1611

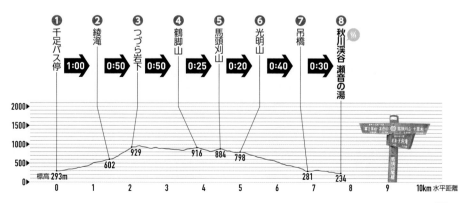

❶千足バス停　1:00　❷綾滝　0:50　❸つづら岩下　0:50　❹鶴脚山　0:25　❺馬頭刈山　0:20　❻光明山　0:40　❼吊橋　0:30　❽秋川渓谷 瀬音の湯

標高293m　602　929　916　884　798　281　234

2000▶ 1500▶ 1000▶ 500▶ 0▶

0　1　2　3　4　5　6　7　8　9　10km 水平距離

最初に出合う天狗滝。ルートは滝の前の沢を渡る

綾滝はベンチも設置されている絶好の休憩ポイント

経て大岳山方面、ここは右につづら岩を巻いて尾根道に出る。この先岩場が少しあるが、それを越えると左に広葉樹、右に檜や杉の植林が続く尾根歩きになる。まもなく現れる展望ポイントでひと息ついていこう。

広葉樹と植林の尾根道を歩き
馬頭刈山から急坂を一気に下る

　「茅倉・千足バス停」への道を右に分け、もうひと登りすると山頂標が立つ❹鶴脚山（つるあしやま）に着く。林間の小ピークといった印象の山頂だが、木の枝の間から御岳山方面の稜線が見える。この先は深い植林の中を下り、「桧原・泉沢」と「泉沢・和田向バス停」への道を右に分け、伐採跡の明るい尾根から林間のやや急な登りを抜けると、突然のように❺馬頭刈山（まずかりやま）の山頂に出る。ここはベンチのある小広場で、大岳山方面の眺めが印象的だ。伐採さ

れて明るく開けた下りから再び林間に入ると、まもなく❻光明山（こうみょうさん）。ピークは判然としないが、下りになるとすぐ高明神社跡があるので、さっきのがピークだったのか思うくらいの印象だ。ここからは杉と檜の暗い植林の中を一気に下る。逆方向だとかなり辛い急登だ。下りきったところで製材所が見え、その前の道路を跨ぐ❼吊橋（つりばし）を渡る。ここからさらにもうひと登り。急な下りで疲れた足にはこれが意外とこたえる。小ピークを越えて下ると、❽秋川渓谷（あきがわけいこく）瀬音の湯（せおとのゆ）の駐車場手前の道路に飛び出す。　　　（写真・文／飯出敏夫）

木の枝越しに御岳山方面の山並みが望める鶴脚山

馬頭刈山からすぐに伐採されて開けた尾根道を下る

ベンチが置かれ、大岳山が眺望できる馬頭刈山の山頂

食べる

和食だいにんぐ 川霧

秋川渓谷 瀬音の湯内にある充実した内容の食事処。手軽なところでは舞茸天丼600円（写真）、苺のコンポート420円が人気のメニュー。豪華版なら松花堂弁当2900円もおすすめ。コーヒー410円だけの休憩もOKだ。☎ 営 休 温泉施設のデータ参照

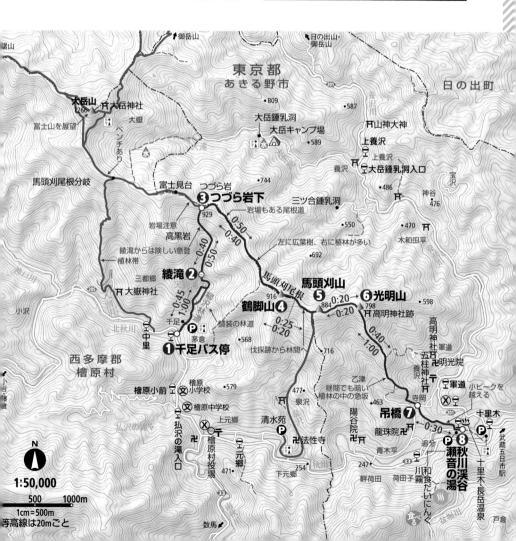

1:50,000

N

500　1000m
1cm＝500m
等高線は20mごと

東京都
初級

標高

903m
［浅間嶺］

標高差

登り： **630**m
下り： **288**m

総歩行距離

11.2km

歩行時間

4時間**30**分

難易度：体力

★★☆

難易度：技術

★☆☆

浅間嶺（せんげんれい）

南西に丹沢山塊や富士山、北に御前山と大岳山などの山並みが望める浅間嶺展望台

↑近年造り替えてテラス部分が広くなり、開放的になった露天風呂
←マイタケ料理などを味わいながら、ゆっくりとくつろげる食事処

立ち寄り温泉　檜原温泉（ひのはら）　☎042-598-6789

檜原温泉センター 数馬の湯（かずま）

閉館までゆっくりしていたい日帰り施設

檜原村の最奥、数馬の里の入口にある日帰り温泉施設。檜原街道沿いだが、周囲は山また山の環境だ。泉質はpH9.0のアルカリ性単純温泉。入浴すると肌がすべすべになる"美肌の湯"は、圧注浴風呂や泡風呂があるサウナ付きの内湯、1人用の陶器風呂もある露天風呂で堪能できる。このあたりでは珍しく時間制ではないので、風呂上がりには畳敷きの食事処などでゆっくりできるのが魅力だ。

⏰10〜19時（土・日曜、祝日は〜20時、受付終了各1時間前）　休月曜（祝日の場合は翌日）　料880円
【泉質・泉温】 アルカリ性単純温泉・25.1度
【風呂の種類】 内湯2（男1・女1）、露天2（男1・女1）
【その他の施設】 食事処（11時〜閉館1時間前頃まで）、湯上がり処、売店　P50台

欄外情報　峠の茶屋高嶺荘の先に立つ旧家が「お休み処 瀬戸沢」。営業は4〜11月の日曜・祝日の11時〜15時30分。山菜天ぷらそば1000円、そばがき600円、刺身こんにゃく400円など。☎090-7415-3854

ポイント 浅間嶺は南秋川と北秋川の間に
のびるゆるやかな勾配の尾根で、かつては檜
原村の集落や奥多摩町の小河内、上野原市の
西原の人々が五日市に物産を運び出す交易に
利用していたという歴史の道。谷筋よりも安
全なルートだったわけで、距離は少し長い
が、本書では周囲の山並みの展望と歴史を偲
ぶ初級向きのハイキングコースとした。

アドバイス これといった危険な箇所もなく、
標識も整備されているので、安心して歩ける
コースだ。ちょっと距離は長いが、体調不良
や天候が崩れた場合でも、上川乗や人里へ下
るエスケープルートがとれる。トイレは払沢の
滝入口バス停前と駐車場前、時坂峠下、浅間
嶺の園地にある。途中の食事処は時間的に利
用しにくいので、お弁当・飲料水は必携。

最初の登りの時坂峠を越えれば
あとはゆるやかな尾根歩きコース

スタートは❶払沢の滝入口バス停。すぐ
先の豆腐店の脇から払沢の滝方面への車道に
入る。すぐに払沢の滝への遊歩道を左に分け
る。時間の余裕があるようなら滝を見物して
いくのもいい。往復20分ほど。無料駐車場
の前を過ぎると、まもなく山道が左手に分か
れる。民家の庭先を歩く昔の峠道で、次第に

高度を上げ、振り返ると山里の風景が美し
い。車道を二度横切って❷時坂峠に登り着
き、ここから❸峠の茶屋高嶺荘までは車道
歩きになる。

峠の茶屋前で展望を楽しんだら、その先か
ら山道に入る。まもなく旧家をそのまま使っ
た「お休み処 瀬戸沢」の前を過ぎ、沢沿いの
杉林に入る。路面は石畳風で、沢から離れる
地点には水場もある。尾根にとりつくと雑木

ACCESS ◆ アクセス
【電車・バスで】 行き：JR五日市線武蔵五日市駅→
西東京バス23分・490円→払沢の滝入口
帰り：温泉センター→西東京バス55分・960円→武
蔵五日市駅。
【車で】 中央道上野原ICから県道33号・都道33号経
由で払沢の滝入口上部の無料駐車場（約20台）まで約
26km。戻りは払沢の滝入口を経由しないバスの場合
は、本宿役場前バス停で下車して15分ほど歩く。

HINT ◆ ヒント
払沢の滝入口バス停には払沢の滝入口行きのほか、
藤倉行きも停車する。数馬行きのバスもほぼ半数が
停車するので便利だが、武蔵五日市駅から数馬行き
のバスに乗る際に停車するかどうかは確認を。

CONTACT ◆ 問合せ先
檜原村観光協会☎042-598-0069
檜原村産業環境課☎042-598-1011
西東京バス五日市営業所☎042-596-1611

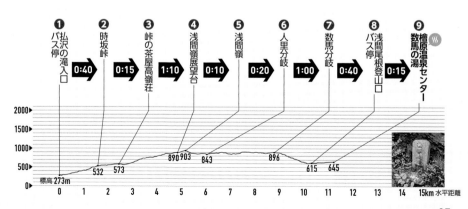

↑時坂峠の登りから
振り返って見た檜
原村本宿付近
←峠の茶屋前の展
望所から望む大岳
山と馬頭刈尾根
→峠の茶屋の先、
しばらくは沢沿い
の杉林の中を行く

林の中の快適な尾根歩きになり、右手に美しい山村風景を見せる湯久保集落と御前山の大きな山容が望める場所もある。左に分かれる浅間嶺展望台への道に入り、尾根上に着いたら右へ。桜並木の坂を登ると、まもなく❹**浅間嶺展望台**。以前はベンチが設置されていたが、現在は標柱が立つだけの小広場だ。

▶ 浅間嶺展望台から眺望を楽しみ 路傍の石仏や石祠に古を偲ぶ

浅間嶺展望台では南西に丹沢や富士山、北に大岳山から御前山の展望を楽しむくらいにして、多くの人は東屋とベンチ、トイレもある山頂下の園地で休憩するようだ。ここで上川乗への道が分岐する。森の中にある❺**浅間嶺**のピークを踏み、そのまま下ると園地からの縦走路に合流。まもなく石仏が道行く人を見守るかのような❻**人里分岐**。ここからの尾根歩きは北面に雑木林、南面に杉や檜の植林が広がる中を何度かルートを変えながら、尾根の小ピークを巻いて進む。アップダウンもゆるやかなので、快適に歩ける道だ。人里分岐、一本杉（一本松）の標柱が立つ杉の根方、数馬分岐など道沿いには随所に石仏や石祠が安置されており、交易や生活道路として利用されていた古道の歴史が偲ばれる。

浅間嶺展望台から望む大岳山（右）と御前山（左）

36

休憩ポイントとして絶好の浅間嶺下の園地

全体にゆるやかな林間の道が続く浅間尾根

　三頭山からのびる笹尾根を左前方に、歩いて来た浅間尾根を振り返りつつ歩くと、ほどなく❼数馬分岐。ここで、右に風張峠へと続く尾根道を分けると、あとは樹林帯の中をひたすら下る道になる。車道に出て、数馬下の集落の中を下り切り、橋を渡ったところが❽浅間尾根登山口バス停が立つ檜原街道。ここから上流に向かって15分ほど歩いたところに❾檜原温泉センター 数馬の湯がある。入口下の温泉センターバス停でバスの通過時刻を確認してから、ゆっくりと温泉を楽しんで帰ろう。　　　　（写真・文／飯出敏夫）

食べる

檜原温泉センター 数馬の湯の食事処

食事処には大きな一枚板のテーブルが目を引く畳敷きの広間と、春から秋に利用できるテラス席がある。名物の檜原村特産のマイタケを使った料理が好評で、写真は舞茸天ぷらそば890円と舞茸バター炒め400円。☎☺温泉施設のデータ参照

払沢の滝

貴重なブナ林と展望、尾根歩きを満喫して奥多摩の秘湯へ

東京都
中級

標高

1531m
[三頭山中央峰]

標高差

登り：**539**m
下り：**868**m

総歩行距離

8.7km

歩行時間

4時間**30**分

難易度：体力
★★☆

難易度：技術
★★☆

三頭山から槇寄山

快晴時には富士山も望める三頭山西峰。ハイカーの多くがお弁当を開く、コースきっての休憩ポイントだ

↑石造りの清潔感漂う内湯。沢音が聴こえる静かな環境で浸かる湯は魅力だ
←東京都下とは思えないほどの隠れ宿の雰囲気が漂う兜造りの建物が印象的

立ち寄り温泉 蛇の湯温泉　☎042-598-6001

蛇の湯温泉 たから荘

国の登録文化財の宿で浸かる硫黄泉

檜原村の最奥、数馬の里にある一軒宿の温泉。数馬は武田氏の落人集落と伝えられ、築300年以上という兜造り・茅葺きの風格ある建物は国の登録文化財でもある。珍しい温泉名は、その昔、大蛇が自噴する冷泉で傷を癒していたという伝説が由来という。泉質は強アルカリ性の単純硫黄泉で、南秋川の源流と山肌の緑に面した男女別の石造りの内湯で堪能できる。「日本秘湯を守る会」の会員でもあり、山行の前後に静かな一夜を過ごすのにも好適の宿だ。

🕐立ち寄り湯10～18時　🏠不定休　💴1000円
[泉質・泉温] アルカリ性単純硫黄冷鉱泉・10.6度
[風呂の種類] 内湯2（男1・女1）
[その他の施設] 客室5室（1泊2食付き1万5000円～）、大広間で食事（11～14時、平日は要予約）も可　🅿20台

欄外情報 都民の森急行バスは3～11月（3月は土・日曜、祝日のみ、4月1日～7月中旬と9月は都民の森休園日を除く毎日、7月中旬～8月末日と10～11月は毎日）の運行（2019年）だが、毎年見直されるので要確認。

奥多摩三山として人気の三頭山には、東京都内では希少なブナの林が残る。山腹には檜原都民の森が整備され、多くの人に親しまれている山である。このコースは、ブナの林を縫う登山道で三頭山に登ったあと、大沢山から槇寄山に至る雑木林の美しい笹尾根と呼ばれる尾根を歩き、最後は美しい山里風景の中に兜造りの家屋が残る数馬の里の秘湯・蛇の湯温泉で温泉を楽しむプラン。歩きごたえのある健脚向きのコースだ。

3つのピークがある三頭山の西峰は富士山が望める山として、このコース随一のビューポイントとなっている。好展望が期待できるのは午前中の早い時間が一番なので、武蔵五日市駅発の一番早いバスに乗るのがポイントになる。距離が長すぎると思う人は、三頭山西峰から下ったムシカリ峠や大沢山の先から三頭大滝へ下る周遊コースをとるのがおすすめ。マイカー利用の人も、この周遊コースを歩くプランが一般的だろう。

ブナやミズナラの林間を登って東峰や西峰からのパノラマを満喫

スタート地点の**❶都民の森バス停**は、JR武蔵五日市駅から直通バスか、数馬で連絡バスに乗り換えて行く檜原都民の森の入口にある。トイレやレストラン・売店があるので、登山前の準備をして出発しよう。檜原都民の森の施設につづく舗装の遊歩道を歩き、木材工芸センターの前を過ぎると、まもなく登山道に入る。植林の中を折り返しながら登り着いた尾根が、登山道が交差する**❷鞘口峠**だ。ここで左の急勾配になった尾根道に入る。いきなりの急坂でひと汗かくころ、林相が杉の植林から明るい広葉樹林に変わってい

ACCESS ◆ アクセス

【電車・バスで】行き：JR五日市線武蔵五日市駅→西東京バス1時間8分・960円→都民の森　帰り：数馬→西東京バス59分・960円→武蔵五日市駅。
【車で】中央自動車道上野原ICから国道20号・県道33号・檜原街道経由で都民の森駐車場まで約25km。100台ほど駐車できる（都民の森休園日は駐車不可）が、シーズンは早くに満車になる。戻りは数馬から連絡バスを利用する（事前に運行時間を要確認）。

HINT ◆ ヒント

武蔵五日市駅から都民の森へのバスは、数馬からの連絡バスを入れても午前中は3便ほどしかない（都民の森休園日の運休に要注意）。このプランは8時台の一番バスに乗るのがベスト。

CONTACT ◆ 問合せ先

檜原村観光協会☎042-598-0069
東京都檜原都民の森管理事務所☎042-598-6006
西東京バス五日市営業所☎042-596-1611

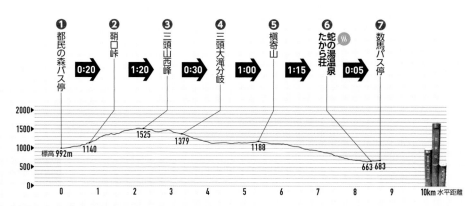

❶都民の森バス停　0:20　❷鞘口峠　1:20　❸三頭山西峰　0:30　❹三頭大滝分岐　1:00　❺槇寄山　1:15　❻蛇の湯温泉たから荘　0:05　❼数馬バス停

2000▶
1500▶
1000▶
500▶
0▶
標高992m　1140　1525　1379　1188　663 683

0　1　2　3　4　5　6　7　8　9　10km 水平距離

←三頭山登山の大きな魅力が四季を彩るブナ林の存在だ
↑三頭山東峰の展望台からは奥多摩の山々の先に平野部も望める

るのに気づくだろう。都民の森にはいくつもの遊歩道が整備され、途中で分岐する道が多いが、ここは「ブナの路」の標識に導かれて登って行く。見晴し小屋でひと息つき、いったん下って、再びブナやミズナラの見事な巨樹が茂る登りに入る。ひとしきり登ると、左に巻き道が分かれる。ここは巻き道を見送り、3つの頂を踏んで行こう。最初は直登の道を登り詰める三頭山東峰。ここには奥多摩の山々が一望できる展望台がある。さらに進むと最高点の三頭山中央峰に出るが、林の中で展望はほとんど開けない。ここからいったん巻き道が合流する御堂峠まで下り、もうひと登りするとベンチやテーブルが設置された明るい広場の**❸三頭山西峰**だ。快晴の日には富士山も望める絶好の休憩ポイントで、多くの人がここでお弁当の包みを開く。

▶ 林間の急傾斜の登山道を下って 快適な尾根道を歩く槇寄山へ

西峰からは階段状の急傾斜の道を一気に下ったところが、三頭大滝への道が分岐するムシカリ峠。美しい雑木林の中をひと登りすると、トイレもあるログハウス調の三頭山避難小屋がある。さらに登り詰めた小ピークが大沢山で、そこから急下降の道になり、**❹三頭大滝分岐**には「西原峠→これより先は都民の森ではありません」の看板がある。さらに下って鞍部に出ると、その先は比較的ゆるやかな尾根道が檜やアカマツ、雑木林の林間にのびている。木の根が地面を這う登り坂を抜け出すと**❺槇寄山**の山頂。西南の山梨県側の展望が開け、快晴の日はここからも正面に連なる山々の上に顔を出す富士山が望める。

槇寄山の山頂から少し下ったところが、登山道が交差する西原峠。ここで尾根道と別

三頭大滝分岐から先も急傾斜の下りがしばらくつづく

山梨県側の山々や快晴なら富士山も望める槇寄山の山頂

西原峠から数馬の里へは雑木林の尾根道を下って行く

れ、数馬方面へ下る左の道へ。雑木林から杉林へと変わるこの下りは少々長いが、枯葉が積もった足裏に優しい感触が残る道で、それほど苦にはならないで歩ける。林間を抜け出すと立派な兜造りの旧家が目を引く集落に出て、舗装路を下って行く。仲の平バス停近くで檜原街道に出て、左に少し歩くと豪壮な兜造りの屋根が目を引く一軒宿の**⑥蛇の湯温泉 たから荘**に着く。ここで立ち寄り湯を楽しんだあと、帰りのバスは、始発が多く座れる確率が高い**⑦数馬バス停**から乗るのが賢明だ。

（写真・文／飯出敏夫）

食べる

売店 とちの実

檜原都民の森の森林館内で営業するレストランの売店で、檜原都民の森入口にある。軽食からお弁当代わりの商品も揃っていて、早朝着の人にも重宝されている。写真は店先で販売している名物三頭だんご1串350円、冷やし田楽1本200円。店内では麺類、ご飯ものの食事もできる。

☎042-598-8355　🕗8〜17時（冬期は短縮）
🈺月曜（祝日の場合は翌日）

1:50,000

500　1000m

1cm＝500m
等高線は20mごと

神奈川県
初級

日連アルプス

標高
423m
［峰山］

標高差
登り: **207**m
下り: **202**m

総歩行距離
5.4km

歩行時間
2時間**30**分

難易度:体力
★☆☆

難易度:技術
★☆☆

峰山から北西方面を望む。標高423mの低山ながら見事な眺望が広がる

↑源泉かけ流し風呂やジェットバス、サウナがある広々とした内湯
←目隠しの塀がなく、春は桜見も楽しめる庭園風の快適な露天風呂

立ち寄り温泉 藤野やまなみ温泉 ☎042-686-8073

藤野やまなみ温泉

内湯も露天も広々として開放感満点

小高い丘の上にモダンな外観を見せる、館内も風呂も広々とした造りの日帰り温泉施設。風呂はともに内湯と露天風呂を備えた「湖の湯」と「森の湯」の2カ所。造りが少し異なるので週替りの男女交替制だ。サウナ付きの内湯には源泉かけ流し風呂もあり、高アルカリ性の泉質と低料金で人気が高い。

🕙10〜21時(40分前受付終了)
🈺水曜(祝日の場合は営業)
💰3時間以内750円(平日17時以降は500円)
[泉質・泉温] ナトリウム・カルシウム-塩化物・硫酸塩泉・35.5度
[風呂の種類] 内湯2、露天2(男女週替り交替制)
[その他の施設] 食事処（11〜21時、平日は40分前LO、土・日曜、祝日は1時間前LO）兼大広間と中広間、売店など Ⓟ120台

欄外情報 「藤野芸術の家」は、旧藤野町の「ふるさと芸術村構想」の中核として整備された施設で、工房体験、キャンプ場、レストラン、宿泊施設（17室、1泊2食付き6400円〜）などを備える。☎042-689-3030

藤野駅の対岸、相模川の右岸に連なる丘陵が"日連アルプス"で、標高は一番高い峰山で423m。視界は峰山で開けるだけだが、気持ちの良い広葉樹林帯を歩く初級者向きの快適なハイキングコースである。

アドバイス 難所は補助ロープが付いた宝山への登り、金剛山から赤沢への急下降くらい。西側の金剛山登山口から入ってもいいが、ここでは東側の宝山から入り、赤沢から藤野やまなみ温泉へ向かうコースとした。

のどかな日連の集落を抜けた 日連側登山口から本格的な山道へ

❶藤野駅から国道20号に出て左折、日連入口信号で右折して坂を下り、相模川に架かる日連大橋を渡る。前方に連なるのが日連アルプスだ。橋を渡ってすぐ、寿司屋の前で左折。道なりに行くとやがて広い道路に合流し、その先で日連橋を渡る。日連側登山口までまったく案内が出ないが、左に青蓮寺が見える地点で右折し、すぐ先の和工業のところを左折、日連神社の上を行く日連集落の中を道なりに歩くとわかりやすいだろう。集落の外れの左側に墓地がある一番高い地点で道は左にカーブして下りにさしかかるが、ここが**❷日連側登山口**で、右に山道が分かれる。「日連アルプスハイキングコース」の看板が唯一の目印になる。

相模川に架かる日連大橋。正面の山が峰山と金剛山

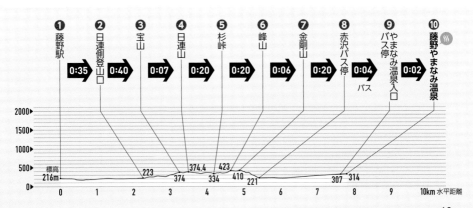

❶藤野駅 → 0:35 → ❷日連側登山口 → 0:40 → ❸宝山 → 0:07 → ❹日連山 → 0:20 → ❺杉峠 → 0:20 → ❻峰山 → 0:06 → ❼金剛山 → 0:20 → ❽赤沢バス停 → 0:04（バス）→ ❾やまなみ温泉入口バス停 → 0:02 → ❿藤野やまなみ温泉

標高216m　223　374.4　374　334　423　410　221　307　314

10km水平距離

←日連アルプスの全景。左端が宝山、右端が金剛山
↑テーブルが置かれた日連山の山頂は樹林の中
→峰山から西南方面を望む。目前左の杉山が金剛山

山道に入ると、ようやく足裏に優しいタッチの地道になるのでホッとする。ルートはわかりやすく、しばらく登って鉄塔の脇を通過すると、宝山の登り口までは山腹を横巻きに歩くほぼ平坦なルートになる。登り口からはいきなり補助ロープ付きの急登になるが、そこを登り切れば、あとは快適な広葉樹林の中の道となる。登り着いた小ピークが、テーブルが1卓置かれた❸宝山(たからやま)。いったん下り、登り返したところが❹日連山(ひづれやま)。ここもテーブルが1卓置かれた宝山と良く似たピークで、やはり樹林の中なので、視界は開けない。

和食れすとらん あやの

赤沢バス停の先、坂沢橋を渡った左手にある「藤野芸術の家」内の食事処。このコースでは貴重な存在で、下山後のランチに便利。特選ロースカツ定食1340円（写真）、ヘルシー豆腐ハンバーグ定食1100円、今週のパスタ920円など。☎042-649-0552
⏰ランチ11時～14時30分LO ㊡火曜（祝日の場合は翌日、7・8月は第1火曜のみ）

> ### 広葉樹林を満喫する尾根歩き
> ### 大展望が迎える最高点の峰山

日連山から、快適な尾根道を下り切ったところが❺杉峠(すぎとうげ)。標識が指すのは左に分かれる鉢岡山への道だけで、正面を登る本ルートには標識がない。峠からの登りは美しい広葉樹林の中で、登り着いたところで「峯山頂へ1分」の標識が右に分かれる道を指示する。

このコースで唯一視界が開ける❻峰山(みねやま)からの展望はすばらしい。北西には中央本線や中央道、藤野や上野原の街、その背後に奥多摩から大菩薩方面の山並みが連なり、快晴ならばはるか遠くに南アルプスまで望める。西南

杉集落、赤沢集落へのハイキング道が分岐する金剛山

方向を向くと、すぐ目の前の杉が茂るピークが金剛山、秋山川の谷を隔てた対面の集落は葛原で、左手のピークは藤野にもう1つある金剛山だ。さらに丹沢の大室山までが視界に入る。好天であれば、ゆっくりと眺望を楽しみながら大休止していきたい。

峰山分岐からひと登りで着く**❼金剛山**（こんごうさん）は杉林の中。右手に金剛山入口に下る道が分かれ、正面にちんまりと鎮座する金剛山神社は麓の杉集落の人々の信仰が厚い神社で、火伏の神を祀る。テーブルが設置された背後の小広場から下って行くのが赤沢への道だ。補助ロープが張られた林間の急下降を一気に下り、車道に出たすぐ左手が**❽赤沢バス停**（あかさわてい）だ。**❾やまなみ温泉入口バス停**（おんせんいりぐちてい）行きのバスはほぼ1時間に1本の運行。バス停から**❿藤野やまなみ温泉**（ふじのおんせん）までは徒歩2分ほど。藤野駅へ戻るバスは20時台まである。　（文・写真／飯出敏夫）

食べる

藤野やまなみ温泉の食事処

広々としたスペースの大広間とテーブル席があり、風呂上がりにゆったりと食事が楽しめる。人気は煮かつ定食950円（写真）、生姜焼定食850円。飲み物では、ふじのクラフトビール650円がおすすめで、藤野産のゆずとお茶を使った2種類がある。ほかに、ふじのゆずワイン430円、生ビール580円など。☎営休温泉施設のデータ参照

山梨県
中級

標高
1409m
[大マテイ山]

標高差
登り: **536**m
下り: **680**m

総歩行距離
13.0km

歩行時間
5時間**10**分

難易度:体力
★★★

難易度:技術
★★☆

奈良倉山から大マテイ山

奈良倉山山頂の「富士山天望所」からは山梨の山並みと富士山が望める

立ち寄り温泉 ☎0428-87-0888

多摩源流 小菅の湯

多彩な風呂で"美肌の湯"を満喫

多摩川源流部の山里にある日帰り温泉施設。充実した設備とpH9.3の高アルカリ性の"美肌の湯"で人気が高い。風呂は、縁に檜を使った大浴槽・ジャクジー・寝湯・サウナ・源泉水風呂などがある内湯と、岩風呂・五右衛門風呂・ハーブや薬草が入るイベント風呂などが並ぶ露天風呂があり、男女とも同じ造りだ。食事処兼大広間や休憩室でゆっくりくつろげる。

↑岩風呂、五右衛門風呂、イベント風呂などが楽しめる露天風呂
←多摩源流の山々を背にした山里に立ち、隣接して物産館もある

- ⏰10～19時（11～3月は～18時、各1時間前受付終了）
- 休金曜（8月と11月は第4金曜のみ休業）
- 料750円
- **[泉質・泉温]** アルカリ性単純温泉・25.3度
- **[風呂の種類]** 内湯2（男1・女1）、露天2（男1・女1）
- **[その他の施設]** 食事処（10時～17時45分LO、11～3月は17時LO）兼大広間、休憩室、個室（有料）など Ⓟ150台

 欄外情報 多摩源流 小菅の湯から上野原駅行きのバスも季節運転（右頁のヒントのバスと同時期）で、15時台と16時台の各1便のみ。ほかに17時台発奥多摩駅行きの西東京バス（59分・980円、通年運転）が利用できる。

ポイント とにかく、ミズナラやブナを中心とした広葉樹の森が美しく、新緑や紅葉シーズンには、その中をさまよう気分で歩くだけで元気がもらえる。展望は奈良倉山と鶴寝山の山頂くらいしか得られないが、深い山並みとその上にそびえる富士山が強く印象に残るコースだ。下山して入る多摩源流 小菅の湯の肌がつるつるになる"美肌の湯"も魅力。

アドバイス 奈良倉山の登りとモロクボ平からの下りがちょっときついが、それ以外は広葉樹林の中のゆるやかなアップダウンの道が続く。大マテイ山の森の中は新しい標識が整備されてはいるが、登山道が落ち葉に埋もれる季節は道が判然としなくなり、方向感覚が試されるところもある。目印の赤い布が付いている箇所は見逃さないように注意したい。

鶴峠から林間の急坂を登って富士山の眺望が待つ奈良倉山へ

　奈良倉山への登山道は❶鶴峠バス停のすぐ横から始まる。最初はカラマツ、次に杉や檜の植林が続く。一部林道を歩き、再び林間に入ったりしながら、最後に❷林道を横切って本格的な登山道に入るが、このあたりから振り返ると三頭山が正面に大きな山容を見せている。やがて、登山道はコナラなどの自然林になり、気持ちのいい山歩きになる。登り着いた小広場の❸奈良倉山の山頂は山名指標がある程度で視界も開けているが、その先の左手が視界の開ける「富士山天望所」で、深い山並みと富士山が美しく望める。

　奈良倉山から下って林道に出てしばらく歩くと、右に登山道が分かれる。林道を歩いたほうが少し近道になるが、ここは雑木林の中の登山道を歩きたい。抜け出したところが国

ACCESS ◆ アクセス

【電車・バスで】行き：JR中央本線上野原駅→富士急山梨バス1時間5分・1060円→鶴峠
帰り：小菅の湯→富士急山梨バス1時間20分・1180円→上野原駅。
【車で】鶴峠には駐車場がない。中央自動車道上野原ICから県道33・18号・国道139号経由で約40kmの松姫峠の駐車場（約10台）から、奈良倉山と大マテイ山をそれぞれ往復するのが一般的だ。

HINT ◆ ヒント

上野原駅→鶴峠→小菅の湯のバスは4月第1土曜〜6月第1日曜・9月最終土曜〜12月第2日曜の土・日曜、祝日のみの運行。午前中は8時台の2便のみ。

CONTACT ◆ 問合せ先

大月市産業観光課☎0554-20-1828
小菅村源流振興課☎0428-87-0111
富士急山梨バス上野原営業所☎0554-63-1260
西東京バス氷川車庫☎0428-83-2126

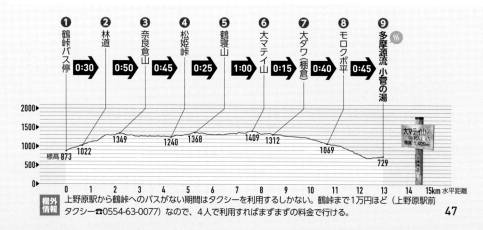

欄外情報 上野原駅から鶴峠へのバスがない期間はタクシーを利用するしかない。鶴峠まで1万円ほど（上野原駅前タクシー☎0554-63-0077）なので、4人で利用すればまずまずの料金で行ける。

47

↑奈良倉山の登り
から振り返ると三
頭山が大きい
→奈良倉山が近づ
くあたりの雑木林
の中の登り
←左前方に富士山
も望む休憩ポイン
トの鶴寝山の山頂

道とは名ばかりの狭いカーブが連続する山道の頂点に当たる❹松姫峠。峠の部分は広くなっていて、駐車場とトイレが設置されている。

松姫峠からひと登りの鶴寝山とブナとミズナラの大マテイ山

トイレの先から再び登山道に入り、明るく開けた斜面を登って行く。この登りからも、登り着いた❺鶴寝山の山頂からも南西方向に富士山が顔をのぞかせている。山頂にはベンチが設置されているので、ここでお弁当の包みを広げて大休止する人も多い。

鶴寝山から大マテイ山へは、ブナやミズナラの巨木を縫って歩く楽しい道が続く。アップダウンの勾配もゆるやかで、ほとんど疲れを感じないほどだ。途中、「巨樹のみち」や「小菅の湯」に下る道が分岐するが、ここは、「日向みち」の標識に従う。山腹を巻くよう

に歩くと、やがて「大マテイ山」の標識が右手の山頂方向を示す。ここから山頂まではちょっとした登りで、落ち葉が積もるシーズンなどは踏み跡が判然としないところもあり、迷いやすいので注意が必要。急坂を登り切るとなだらかな斜面になるので、左方向のピークをめざして進むようにする。❻大マテイ山の山頂は林の中のなだらかなピークで、山名指標とベンチがポツンとあるだけだが、このコースの最高地点なので、踏んで行きたい。

山頂からは、もとの道を分岐まで戻ってもいいが、登ってきた道を背に反対側の尾根筋を赤い布切れを目印に下って行くと、すぐにさきほどの登山道に合流できるので断然近い。合流して右に進むと、まもなく大菩薩嶺方面の道との分岐点の❼大ダワ（棚倉）に着く。ここで「小菅村（小菅の湯）」の標識

回り道するだけの価値がある松姫峠手前の登山道

ブナやミズナラの巨木が目を引く大マテイ山への道

林の中にあるちょっと寂しい大マテイ山の山頂

大ダワから大マテイ山の山腹を巻いて下る道

に従い右の下山道へ。最初は大マテイ山の山腹を横巻きする平坦な道で、やがて下り一方の道になる。少しゆるやかになったところが、川久保方面への道が分かれる**⑧モロクボ平**で、ここで尾根道と別れて右の下りへ。杉の植林帯をジグザグに下りきったところで、沢を木橋で渡ると車道に出る。右に回り込むように歩き、小菅の湯の案内標識に従い左折。坂を登り詰めた丘の上に**⑨多摩源流小菅の湯**がある。バス停は目の前なので、時間の許す限り"美肌の湯"を楽しんで帰ることにしよう。 　　　　（写真・文／飯出敏夫）

食べる

多摩源流 小菅の湯の食事処

小菅村は多摩川源流の清冽な水で育てた山女（ヤマメ）の養殖の発祥地とされる。ここの食事処でも当然これが名物の味になっていて、山女塩焼き660円（写真）、山女塩焼き御膳1100円などが好評だ。
☎営休温泉施設のデータ参照

| 山梨県 |
| 中級 |

大菩薩嶺
（だいぼさつれい）

標高

2057m
［大菩薩嶺］

標高差

登り **471**m
下り **1240**m

総歩行距離

12.1km

歩行時間

5時間**15**分

難易度：体力

★★★

難易度：技術

★★☆

絶景スポットの雷岩から望む富士山の眺望はコースを代表する景観だ

↑夕陽に染まる露天風呂。内湯には大浴槽、源泉風呂、ジャクジー、サウナも完備
←国道沿いの高台に立ち、路線バスも目の前に停まるので便利

立ち寄り温泉

☎0553-32-4126

大菩薩の湯（甲州市交流保養センター）
（だいぼさつのゆ）

大菩薩ライン沿いに立つ日帰り温泉施設

国道411号沿い、萩原口留番所（はぎわらくちどめばんしょ）の復元した門が迎える日帰り温泉施設。大菩薩嶺を背にした小高い丘の上に立ち、周囲の山々が見渡せる好環境にある。男女別の風呂は、寝湯付き大浴槽・ジャクジー・源泉風呂・サウナがある内風呂と、露天風呂という組み合わせ。泉質はpH10.05のアルカリ性単純温泉で、肌がつるつるになると評判の"美肌の湯"だ。

🕐10〜20時（11〜3月は〜19時、4〜10月は1時間前、11〜3月は30分前受付終了）　🅟無休（11〜3月は火曜と祝日の翌日休館）　🉐3時間以内610円
[泉質・泉温] アルカリ性単純温泉・28.5度
[風呂の種類] 内湯2（男1・女1）、露天2（男1・女1）
[その他の施設] 食事処（11〜18時）、談話室、特産品直売コーナーなど　🅿70台

欄外情報 バスがない期間はタクシーを利用するしかない。JR甲斐大和駅から上日川峠まで約7000円。栄和交通タクシー☎0120-08-6336へ。大菩薩の湯からはJR塩山駅まで約3500円。

ポイント 富士山や南アルプス、奥多摩の山々、眼下には甲府盆地を一望する屈指の展望コース。しかも、花の百名山に数えられる高山植物の宝庫というのも魅力だ。好天の日なら初級者でも比較的容易に登れる山だが、天候が変化しやすい標高2000mを超える稜線ということと、大菩薩の湯へ下る長時間コースなので、レベルは中級とした。

アドバイス 登山口の上日川峠まで行くバスは季節運転なので、このバスに合わせたプランを組むことが絶対条件になるが、バスがない日でもタクシーを利用する方法はある。このプランはもっとも魅力的な稜線を周遊するコースなので、眺望がきく午前中の早い時間に一番の急坂の唐松尾根を登り、絶景スポットの雷岩に立つのがポイントだ。

上日川峠からミズナラの林を抜け唐松尾根の急登で絶景を楽しむ

登山道は❶上日川峠バス停前に立つロッヂ長兵衛の脇から始まる。アップダウンの少ない車道を歩く人も多いが、ここはミズナラの純林が美しい登山道を歩くのが足慣らしにちょうどいい。❷福ちゃん荘でひと息入れた後、大菩薩峠に向かう林道と別れ、唐松尾根コースに入る。しばらくは林間コースだが、やがて急坂になり、息が荒くなるあたりで視界が開けてくる。振り返ると、快晴ならば富士山、甲府盆地とその彼方に連なる南アルプスの息を呑むような大観が広がる。何度も振り返って眺望を楽しみながら、福ちゃん荘から登ること約1時間、稜線に立ったところが絶景スポットの❸雷岩だ。息を整え絶景を満喫した後は、林間を歩いて最高点まで往復してこよう。わずか10分足らずで着

ACCESS ◆ アクセス

【電車・バスで】JR中央本線甲斐大和駅→栄和交通バス41分・1020円→上日川峠
帰り：大菩薩の湯→山梨貸切自動車24分・310円→JR中央本線塩山駅。
【車で】中央自動車道勝沼ICから国道20号・県道38号・国道411号・県道201号経由で約25kmの上日川峠に大小3カ所の駐車場があり、ここから周遊コースを歩いて戻るのがベストプランだ。

HINT ◆ ヒント

JR甲斐大和駅から上日川峠行きのバスは4月中旬〜12月初旬の土・日曜、祝日のみ運行（GW・お盆・10月中旬〜11月中旬は平日も運行）。午前中3便（平日運行の日は2便）ある。事前に要確認。

CONTACT ◆ 問合せ先

甲州市観光商工課☎0553-32-2111
栄和交通（バス）☎0553-26-2344
山梨貸切自動車塩山営業所☎0553-33-3141

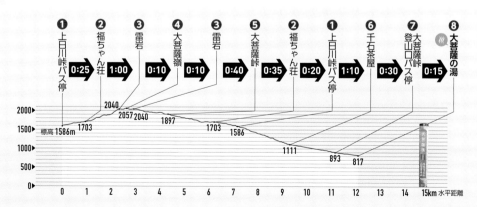

↑上日川峠から福ちゃん荘へミズナラの林間を行く
←唐松尾根から甲府盆地と南アルプスを望む
→樹林に囲まれた小広場の大菩薩嶺の頂上

く❹大菩薩嶺の山頂には標高2057mの指標が立つだけで、樹林の中の静かな小広場といった印象だ。

絶景続きの快適な稜線を歩き
上日川峠から大菩薩の湯へ下る

❸雷岩まで戻り、ここからは快適な稜線歩きの始まりだ。稜線上は高山植物の宝庫で、7〜9月には可憐な花が咲き競う。ここも絶景ポイントの神部岩を過ぎると岩稜の部分もあるので、慎重に下りたい。前方には奥多摩の山並みが連なり、避難小屋の建物が認められるところが賽ノ河原。ここから親不知ノ頭にひと登りして、眼下に見える山小屋の介山荘めざして露岩の道を下る。『大菩薩峠』で知られる中里介山記念塔を左に見ると、まもなく大きな看板と標柱が立つ❺大菩薩峠。東北側からは小菅村と丹波山村からの登山道が合流する。稜線歩きはここまでで、介山荘の脇から未舗装の林道を下り、❷福ちゃん荘から❶上日川峠バス停へと戻る。

上日川峠からは、ロッヂ長兵衛の先から左に下る登山道に入る。この下りもミズナラやブナの大木が目を楽しませてくれる道で、なかなか快適だ。切通し風に掘れた道が続き、散り積もった枯葉をかき分けて下るところも多く、その下に隠れている石や木の根に足をとられる危険があるので、慎重に下りたい。下りにもそろそろ嫌気がさしてきた頃、ようやく❻千石茶屋に着く。ここで上日川峠から下ってきた車道に出るが、またすぐに登山道に入り、10分ほどで再び車道に出ると、あとはずっと車道歩きになる。❼大菩薩峠登山口バス停の先で国道411号に出たら左折。道なりに下って行くと、15分足らずで❽大菩薩の湯に着く。（写真・文／飯出敏夫）

雷岩から稜線を行く。前方は奥多摩の山並み

神部岩から見た富士山。上日川ダムの湖水も印象的

前方に賽ノ河原の避難小屋を望む稜線を行く

旧街道の名残をとどめる標高1897mの大菩薩峠

食べる

福ちゃん荘

大菩薩峠と唐松尾根コースの分岐点に立つ山小屋。ひと息入れるのに絶好の位置にあり、登山者の憩いの場だ。店先にはテーブルとベンチが置かれ、軽い食事や飲み物が味わえる。写真は甘酒300円、おしるこ400円。☎090-3147-9215 🕐4月下旬～11月下旬の8時30分～15時頃（土・日曜、祝日は7時30分～16時30分頃）🈺不定休

食べる

番屋茶屋

大菩薩峠登山口バス停前にあり、店がほとんど見当たらないこの辺では貴重なお休み処。土・日曜、祝日はまず営業しているそうだが、平日は事前確認が賢明だ。よもぎ団子1本150円、コーヒー400円（セット500円）、ほうとう1100円・豚肉入り1300円などがおすすめ。☎0553-33-9590 🕐10～17時 🈺不定休

山梨県

中級

標高

1470m
［今倉山］

標高差

登り：**460**m
下り：**899**m

総歩行距離

8.0km

歩行時間

4時間**35**分

難易度：体力

★★★

難易度：技術

★★☆

今倉山から二十六夜山

コース上随一の展望所、松山（赤岩）から望む奥多摩方面の山並み

立ち寄り温泉 都留市温泉　　☎0554-46-1126

芭蕉月待ちの湯

緑に包まれた沢沿いの日帰り温泉

古くから月見の名所として知られ、松尾芭蕉も立ち寄ったと伝えられる戸沢地区に都留市が整備した「都留戸沢の森 和みの里」の中核施設。純和風の平屋建ての館内は浴場、食事処兼大広間、小休憩室、個室、売店などがあり、充実している。風呂は内湯＋露天風呂で、仕様が少し異なるので週ごとの男女交替制。広々とした内湯には適温・中温・源泉ぬるま湯などがある。戸沢川沿いの緑に包まれた露天風呂も快適で、定評のある"美肌の湯"が満喫できる。

↑緑と小川のせせらぎが心地よい露天風呂。こちらは石造りでもう一方は岩造り

←重厚な雰囲気の外観。周辺には芝生の広場、体験交流施設、コテージなどもある

🕐10〜21時　🈺月曜（祝日の場合は翌日）　🉐720円
[泉質・泉温] アルカリ性単純温泉・30度
[風呂の種類] 内湯2、露天2（男女週替り交替制）
[その他の施設] 食事処（11時〜20時30分LO）兼大広間、小休憩室、個室（有料）、売店など　🅿100台

欄外情報 松山（赤岩）での展望を楽しむには、できるかぎり早い時間に到達するのが必須条件。路線バスを利用する場合は一番のバスで、グループなら都留市駅に一番電車で着き、登山口までタクシーを利用する案も一考だ。

ポイント このコースの最大の魅力は松山（赤岩）からの360度の眺望と、ブナやミズナラの美しい森林を縫う尾根歩きだ。いきなりコース最高点の今倉山へ急登するのはけっこうつらいが、そこからは森の中の小さなアップダウンを繰り返す快適な尾根歩き。今倉山と二十六夜山の中間点付近にある松山（赤岩）に立てば、大パノラマが待っている。

アドバイス 路線バスは季節運行で本数も少ないので、事前に確認しておきたい。コース上にはこれといった危険な場所もなく、初心者でも快適に歩けるが、標高差があり、距離もけっこう長い。道坂隧道の登山口から終点まで茶店やトイレなどは皆無。水場も終点近くまでないので、飲料水や食料、雨具、登山靴などのしっかりした準備が不可欠だ。

今倉山の急登に耐えたあとに待つ
広葉樹の森と大パノラマのご褒美

起点は都留市と道志村を結ぶ道坂トンネル前にある**❶道坂隧道バス停**。左手に登山道がのびている。雑木林の中を登り15分で尾根にとりつき、右に御正体山へのルートを分け、左の急坂へ。ここからは一直線に尾根筋を登るルートで、体がまだ山歩きになじんでいないだけにかなりきつい。右手は雑木林、左手はカラマツの植林。視界が開けないので、ひたすら登るだけだ。**❷今倉山**はこのコースの最高点だが、樹木にさえぎられてここでも視界は開けない。右に道志山塊の菜畑山方面の道が分かれる。

今倉山からは二十六夜山方面の標識に従い、森の中を降下する。御座入山の小ピークを越えて下ったところに視界が開ける場所があり、御正体山の背後にそびえる富士山が美

ACCESS ◆ アクセス
【電車・バスで】行き：富士急行線都留市駅→富士急山梨バス30分、660円→道坂隧道 帰り：芭蕉月待ちの湯→富士急山梨バス28分、200円→都留市駅。
【車で】中央自動車道都留ICから国道139号・県道711号経由で約17km（道坂隧道前）。道坂隧道バス停脇に8台ほどの駐車スペースがあるが、松山（赤岩）まで往復するプランにするか、下山して都留市駅からタクシー（約4300円）で戻るしかない。

HINT ◆ ヒント
都留市駅から道坂隧道行きのバスは4〜7月・9〜12月中旬の土・日曜、祝日の8時台、9時台の2便のみ。芭蕉月待ちの湯から都留市駅行きバスの午後便は14時台、15時台、17時台の3便ある。

CONTACT ◆ 問合せ先
都留市産業観光課☎0554-43-1111
富士急山梨バス大月営業所☎0554-22-6600
富士急山梨ハイヤー都留営業所☎0554-43-2800

❶道坂隧道バス停 → 1:15 → ❷今倉山 → 0:45 → ❸松山（赤岩）→ 0:35 → ❹林道出合 → 0:20 → ❺二十六夜山 → 0:50 → ❻仙人水 → 0:30 → ❼林道出合 → 0:20 → ❽芭蕉月待ちの湯

標高1010m / 1470 / 1451 / 1227 / 1297 / 880 / 632 / 571

←今倉山から鞍部に下る途中からのパノラマ
↑松山（赤岩）から望む御正体山と富士山
→ミズナラやブナが美しい松山（赤岩）からの下り

しく望める。鞍部で左から沢コースが合流し、そこからヤブレガサが群生する道をひと登りすると、まもなく露岩の❸松山（赤岩）に飛び出す。大気の澄んだ快晴時なら、富士山、御正体山、三ツ峠山、南・北アルプス、八ヶ岳、奥秩父、奥多摩の山々から都心の高層ビル群や相模湾まで視界が届く。まさに360度の大展望が広がるビューポイント

名水

仙人水

- -

コースの終盤になって、ようやく出合う貴重な水場。山側の岩壁の裂け目から湧き出す水量豊かな清水で、湧き口付近に育った植物の緑も鮮やかだ。冷たくて美味しい水で、これが道路の近くにあったら水を汲む人が列を作るに違いないと思わせるほど。ここに着くまでに飲みきったペットボトルに詰めておみやげにする人も多い。

だ。方位盤でそれらを確認しながら過ごす時間は至福のひとときだろう。

富士山を望む二十六夜山から樹林の中を急下降して温泉へ

松山（赤岩）からは樹林帯の中をアップダウンを繰り返しながら下っていく。ブナやミズナラの大木が目を引く楽しい道だ。急下降する道が木段になると、舗装された❹林道出合に飛び出す。前方に見えるのが二十六夜山だ。林道を右に少し歩いて、再び山道に入る。けっこうきつい登りだが、6月上旬にはヤマツツジが鮮やか。登りきったピークが❺二十六夜山の山頂だ。丸太のベンチ、山名の解説板、古い石碑などがあり、古くから親しまれてきたことがわかる。山頂からは西南に御正体山と富士山、北東に大月市街が見渡せる。二十六夜山の名は、旧暦正月と7月

二十六夜山からは御正体山や富士山、大月市街が望める

26日の夜半に月が出るのを待って拝した「二十六夜月待ち」の場所だったことに由来するという。また、4月下旬〜5月上旬にかけてエイザンスミレが咲くことから、「日本花の百名山」にも選ばれている。

　二十六夜山からは急斜面を一直線に下るといった印象のルートで、疲れた足にはかなりこたえる。尾根から外れて谷間に下ると、やがて広葉樹から杉の植林が目立つようになる。山腹を横巻きする形で下り、沢音が近づいてくるあたりで、右手の山側の岩の裂け目から清冽な清水が湧く**❻仙人水（せんにんすい）**がある。ここを過ぎると道は沢沿いの杉の美林帯になり、抜け出したところが舗装の**❼林道出合（りんどうであい）**。やがて民家が現れ、突き当たった道を右に折れる。砂利道に変わった林間を抜けると、前方に**❽芭蕉月待ちの湯（ばしょうつきまちのゆ）**の黒い屋根が見えている。

（写真・文／飯出敏夫）

食べる

芭蕉月待ちの湯の食事処

60畳の大広間とテーブル席があり、ラーメン500円、ほうとう850円などの麺類、からあげ定食700円、さばの味噌煮定食800円、カレーライス500円などの定食＆ご飯類も手頃な価格の品揃え。お酒のおつまみ類も豊富で、地元産豆腐の冷奴250円と生ビール（中ジョッキ）500円との相性も抜群だ。☎（喜林）温泉施設のデータ参照

山梨県	
入門	

標高

1413m
［石割山］

標高差

登り：**426**m
下り：**400**m

総歩行距離

9.5km

歩行時間

3時間**35**分

難易度：体力

★★☆

難易度：技術

★★☆

大平山から石割山

山中湖を眼下に富士山を望む石割山の山頂はコース上のハイライト

↑屋根付きの露天風呂は檜の香りが濃い、気分がほぐれる
←入浴前に玄関前でアクセスに便利な山中湖周遊バスふじっ湖号の発車時間をチェックしておこう

立ち寄り温泉 山中湖平野温泉 ☎0555-20-3355

石割の湯

檜造りの露天風呂で癒される

石割山の山麓にある山中湖村営の日帰り温泉施設。梁を組んだドーム型の建物が目印で、栗材をふんだんに使った館内には木の香りが漂っている。大浴場は男女それぞれ大浴槽と打たせ湯、寝湯、源泉ぬる湯があり、ph9.6の強アルカリ性の温泉が疲れを癒してくれる。このほか岩風呂と檜風呂の2つの露天風呂やドライサウナも完備している。48畳と24畳の大広間や個室、マッサージコーナー、軽食コーナー、山中湖みやげが並ぶ売店など、風呂以外の施設も充実。

⏰10〜21時 　㊡木曜（祝日とGW・7〜8月は営業）　💰800円
［泉質・泉温］アルカリ性単純温泉・29.2度
［風呂の種類］内湯2（男1・女1）、露天2（男1・女1）
［その他の施設］大広間、個室（有料）、軽食コーナー（10〜19時）、売店など　🅿150台

欄外情報 中央高速バスの新宿〜ホテルマウント富士入口間は2時間8分の所要で、片道2300円。東京駅発の富士急行バスは2時間30分の所要で、片道2300円。

ポイント 山中湖北岸には西から東へ大出山、長池山、飯盛山、大平山、平尾山、そして石割山と稜線が連なる。いずれも標高1000〜1400m前後のピークで、標高差が少ないことから初心者でも縦走を楽しめる。大半が東海自然歩道になっているため道や標識の整備も万全。このコースでは西から東へ縦走し、最後に石割の湯に浸かるプランにした。

アドバイス コース最大の楽しみは各ピークから眺める山中湖と富士山の絶景なので、曇天だと魅力が半減してしまう。好天日を選んで出かけたい。もっとも展望が開けるのは1〜2月だが、この時期は積雪が多く、ぬかるみや凍結など道の状態が悪くなるので、防水性の高い靴やスパッツ、予備の靴下なども準備して行きたい。

山中湖から東海自然歩道へ 大平山、平尾山からは絶景を堪能

起点は東京や新宿からの高速バスも停車する**❶ホテルマウント富士入口バス停**。ここから湖畔沿いのサイクリングロードを東へ1kmほど歩くと、左側に山中湖周遊バス「ふじっ湖号」の**❷大出山入口バス停**がある。ここで湖畔と分かれて、別荘地内をうねるように続く車道を上る。登りきったところにあ

るマンションの先が登山道の入口だ。「東海自然歩道」の標識が目印になる。鬱蒼とした林の中に入り、雨水が真ん中をえぐったV字状の歩きにくい道を登ると、まもなく電波塔が立つ長池山のピークに出る。眺望は今ひとつで、生い茂った樹林の上から富士山がわずかに望める程度。下った鞍部で山中湖花の都公園への道を左に分け、ススキが茂る坂をひと登りするとベンチがぽつんとある**❸飯盛山**

ACCESS ✦ アクセス
【電車・バスで】 行き：富士急行線富士山駅→富士急山梨バス23分・500円→ホテルマウント富士入口
帰り：石割の湯→山中湖周遊バスふじっ湖1号54分・810円→富士山駅。
【車で】 東富士五湖道路山中湖ICから国道138号経由で約1.5km。登山口の300mほど手前、山中湖畔に無料駐車場がある。帰路はふじっ湖号に乗車。湖畔は自由乗降区間なので駐車場の前で下車できる。

HINT ✦ ヒント
土・日曜、祝日は新宿駅から河口湖駅まで乗り換えなし、約2時間で結ぶ「ホリデー快速富士山号」が便利。1日1往復あり、下りは新宿駅8時発─河口湖駅10時台着。帰りは河口湖駅16時発。

CONTACT ✦ 問合せ先
山中湖観光協会☎0555-62-3100
富士急山梨バス本社営業所☎0555-72-6877

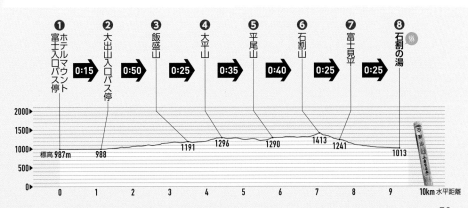

❶ ホテルマウント富士入口バス停		❷ 大出山入口バス停		❸ 飯盛山		❹ 大平山		❺ 平尾山		❻ 石割山		❼ 富士見平		❽ 石割の湯
	0:15		0:50		0:25		0:35		0:40		0:25		0:25	

標高987m　988　1191　1296　1290　1413　1241　1013

10km 水平距離

←足元に山中湖が広がる大平山山頂
↑大平山から平尾山への間は気持ちのいい草原地帯を歩く
→平尾山へ続く急坂の木段。アジサイや紅葉が美しい

の山頂だ。振り返ると富士山が大きく見える。

　木段のアップダウンを繰り返す尾根道を進むと、やがて標高1296mの**❹大平山**に到着。山頂は広大な赤土の広場になっていて、東屋とベンチがあるので休憩には最適な場所だ。山中湖越しに富士山が望める絶好の展望スポットでもある。

　山頂から木段を下ると一面に緑が広がる開放的な草地が広がる。右手に山中湖を見下ろす快適な道を進み、再び灌木の中に入って鹿の食害防止柵に沿って下ると、右側に別荘地へ続く道路が現れる。木段をようやく下りったと思ったら、植林とススキが生い茂る間に続く直登の木段が待ち構える。ここを登りきると尾根の突端部に広がる**❺平尾山**。眼下に寝そべるように広がる山中湖を見ながらベンチで休憩できる。

▶ 唯一の難所を越えて着く石割山から南アルプスや秩父連山を一望

　平尾山から藪の中の道を歩き、鞍部で平野へ下る道を分けると、コース最大の難所ともいえる急坂が始まる。赤土が露出した滑りやすい急斜面で、ロープにつかまりながら慎重に登る。坂はキツイが、道沿いにはホトトギスやワレモコウなどが見られるので、山野草

見る

石割神社

　石割山の8合目付近に鎮座する石割神社は、「石」の字の形に似た割れた巨岩をご神体に祀る古社。古くからこの岩の隙間を3回通れば幸運が開けるといわれ、最近はパワースポットとして訪れる人が後を絶たない。また、岩の割れ目から湧き出る霊水は眼病や皮膚病に効くといわれている。境内に自生するカツラの巨木も必見。

山中湖を望む突端に広がる平尾山の山頂

を愛でながらゆっくり歩こう。急登はそれほ
ど長く続かず、わりとあっさり**❻石割山**に
着く。コース最高地点の標高1413mの山頂
からは山中湖と富士山はもちろん、北西側に
は南アルプスや杓子山、大菩薩嶺、秩父連山
などが一望できる。

　山頂からは深い樹林帯の中を急降下。木の
根がむき出しになり、ロープを伝って段差を
下る場所もある悪路なので、ここも慎重に下
りたい。10分ほど下ると、2つに割れた巨
岩が印象的な石割神社に出る。ここからは雑
木林の快適な尾根道になり、休憩舎の立つ
❼富士見平へ。403段の石段が続く石割神
社参道を右に見送ってまっすぐ下ると、やが
て林道になる。石割の湯の源泉地を右に見
て、25分ほど歩くとゴールの**❽石割の湯**に
到着。玄関前に石割の湯バス停があるので、
入浴前に帰りのバスの時刻を確認しておこ
う。石割の湯から10分ほど歩いた石割山ハ
イキングコース入口バス停からも富士山駅行
きのバスに乗れるので、都合のいい便を利用
したい。ただし便数は多くない。

（写真・文／五十嵐英之）

休憩舎とベンチがある富士見平

食べる

石割の湯の軽食コーナー

麺類や丼物のほか、ご当地グルメも味わえ
るメニュー豊富な食事処。おすすめは牛肉
煮や山菜、油揚げ、生卵が入ったボリュー
ム満点の石割うどん650円（写真）。富士山
カレー750円も好評だ。お酒のおつまみな
ら味噌味のもつ煮550円がおすすめ。生ビー
ルは700円。

☎営休温泉施設のデータ参照

三ツ峠山（開運山）

山梨県	
中級	

標高
1785m
［開運山］

標高差
登り: **1171**m
下り: **948**m

総歩行距離
17.5km

歩行時間
7時間**35**分

難易度：体力
★★★

難易度：技術
★★★

三ツ峠山の最高峰、標高1785mの開運山山頂より雲に隠れた富士山を正面に望む

↑豪壮な岩に囲まれた庭園露天風呂は屋根付きなので雨でもゆっくり入れる
←富士河口湖温泉郷を代表するロイヤルホテル河口湖の1階にある

立ち寄り温泉 富士河口湖温泉郷 ☎0555-73-2228

開運の湯

富士山麓から湧き出る美肌の湯

河口湖畔に立つロイヤルホテル河口湖1階の温泉浴場で、立ち寄り湯にも利用できる。男女別に御影石の内湯と露天風呂、その奥に岩を組んだひと回り大きな庭園露天風呂もあり、ぬるめに温度設定された温泉が注がれている。板塀に囲まれ眺望は効かないが、静かにゆっくり温泉に浸かれるとあって常連客は多い。通常料金のほかに、個室休憩室と入浴がセット（3時間）のプランが1人3000円。タオルは別途250円で販売。

🕐立ち寄り湯6〜24時　🈲不定休　🈶1000円（2時間）
【泉質・泉温】 カルシウム・ナトリウム−硫酸塩・塩化物泉・36.1度
【風呂の種類】 内湯2（男1・女1）、露天2（男1・女1）
【その他の施設】 個室（有料）、食事処（11〜14時、無休、要予約）など　🅿60台

欄外情報 三つ峠駅から登山道入口まで舗装路を歩くのが面倒な場合はタクシー利用が便利。常駐はしていないが電話で呼ぶことができる。富士急山梨ハイヤー☎0555-22-1800

ポイント 奈良時代から修験道の霊山として信仰され、江戸時代に空胎上人によって開山されたといわれる三ツ峠山。その名の通り、最高点の開運山（1785m）、御巣鷹山（1775m）、木無山（1735m）の3峰の総称である。山頂への道は四方から延びているが、もっとも一般的なのが表口登山道から府戸尾根へ歩くこのコース。距離が長い上に急登の場所も多いので、しっかりした装備で出かけたい。

アドバイス 歩行時間だけで7時間以上かかるプランなので、休憩や昼食の時間を考えるとたっぷり1日必要になる。そのため早朝の出発は絶対条件。最短時間で山頂を目指すなら北西側の三ツ峠登山口バス停から裏口登山道を登るコースもある。このルートだと2時間弱で開運山山頂に立てる。ただし、河口湖駅と三ツ峠登山道を結ぶバスは4月上旬〜11月下旬の日曜、祝日のみ運行なので注意。

▶ 舗装路を延々と歩き、登山道を目指す難所が控える八十八大師への道

　起点は富士急行線の**❶三つ峠駅**。駅前広場の左側にある「三ツ峠登山道6.3km」の標識にしたがって歩き始める。T字路を左折し、富士急行線の高架をくぐると次第にひなびた雰囲気の集落に入っていく。温泉や食事処を備えた三ツ峠グリーンセンターを過ぎ、

　❷大山祇神社からだらだら続く坂道を登ると、やがてトイレと駐車場がある憩いの森公園。この先からようやく舗装路に別れを告げて登山道に入る。いったん舗装路を横切って、すぐにまた山道に入ったところにあるのが**❸達磨石**。梵字で「アーク（大日如来の意）」と刻まれた達磨石に手を合わせ、ここから本格的な登山道の始まりだ。杉林に囲ま

ACCESS ◆ アクセス

【電車・バスで】 行き：富士急行線三つ峠駅
帰り：富士急行線河口湖駅。
【車で】 中央自動車道河口湖ICから国道137号経由で約2kmの河口湖駅前の有料駐車場に車を置き、三つ峠駅まで富士急行線に乗り歩き始めるのが一般的。

HINT ◆ ヒント

東京近郊から土・日曜、祝日に出かける場合、JR東日本の「休日おでかけパス」が便利。首都圏フリーエリア内の普通列車自由席、りんかい線、東京モノレールが乗り降り自由になり、料金は2720円。別に特急券やグリーン券を購入すれば特急列車や普通車グリーン席も利用できる。東京駅－大月駅間で利用した場合、316円お得だ。起点となる駅から大月駅までの普通運賃を計算して、上手に利用しよう。

CONTACT ◆ 問合せ先

富士河口湖町観光課☎0555-72-3168
天上山公園カチカチ山ロープウェイ☎0555-72-0363

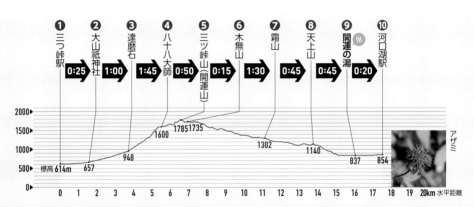

❶三つ峠駅 →0:25→ ❷大山祇神社 →1:00→ ❸達磨石 →1:45→ ❹八十八大師 →0:50→ ❺三ツ峠山（開運山） →0:15→ ❻木無山 →1:30→ ❼霜山 →0:45→ ❽天上山 →0:45→ ❾開運の湯 →0:20→ ❿河口湖駅

標高 614m / 657 / 948 / 1600 / 1785 1735 / 1302 / 1140 / 837 / 854

アザミ

←コース最大の難所である不二石の先の急坂
↑石地蔵が無数に安置された八十八大師
→屏風岩ではクライマーの姿も多い。落石に注意を

れた道には大きな石がゴロゴロしていて、少々歩きづらい。ゆっくりと高度を上げていくと「馬返し」の標識が立つ場所に着く。馬返しから先もしばらくジグザグの急登が続く。大きな岩がゴロゴロしている難所も多いが、ひと息つけるベンチも点在しているので、マイペースでゆっくり登ろう。巨石が横たわる不二石を過ぎると❹八十八大師（はちじゅうはちだいし）に到着する。無数の石地蔵や石仏、空胎上人の墓が樹林の中に並び、独特の雰囲気が漂っている。ここにもベンチが２つ置かれている。

▶ 屏風岩の大岩壁を仰ぎ見て 富士山の眺望抜群の開運山へ

八十八大師からは道はゆるやかになり、左手に富士山を仰ぎながら、沢の源頭部を巻くように登っていく。途中には崩壊してガレ場になっている場所もあるのであくまでも慎重に。廃材が散財している白雲荘跡を過ぎると、右側に高さ100m、幅200mの屏風岩がそそり立つ。岩登りのゲレンデとしても人気が高く、クライマーの姿も見られる。

三ツ峠山荘への道を左に分け、急登の木段を上ると通年営業の四季楽園の前に出る。ここを右へ進み、三叉路をさらに右へ。滑りやすい急斜面をたどると、ようやく❺三ツ峠山（み・とうげやま）（開運山（かいうんざん）に着く。山頂からは裾野を長く広げる雄大な富士山が正面に見えて、絶好の展望台だ。

四季楽園の前まで戻り、そのまま歩くと❻木無山（きなしやま）はすぐ。見晴らしのいい台地状の頂部で、眼下に河口湖が望める。三ツ峠山荘の先で裏口登山道への道を右に分け、直進すると府戸尾根に入る。ところどころ急な下りが点在し、滑りやすい場所も多い。ひとしきり下り、鉄塔が立つ展望地を過ぎると平坦な尾根道が❼霜山（しもやま）まで続いている。さらに尾根道を歩き、林道を横切って進むと❽天上山（てんじょうさん）だ。河口湖天上山公園カチカチ山ロープウェイの富士見台駅を経て遊歩道を下り、国道137号に出て河口湖沿いに歩けば❾開運の湯（ゆ）はすぐ。❿河口湖駅（かわぐちこえき）までは徒歩で20分ほどだが、河口湖畔を周遊するレトロバスを利用してもいい。　　（写真・文／五十嵐英之）

府戸尾根から河口湖方面を見下ろす。展望が開ける場所は少ない

食べる

ロイヤルホテル河口湖 「かっぱてらす」

開運の湯があるロイヤルホテル河口湖内の「かっぱてらす」は、ご当地グルメのかっぱめしが味わえる食事処。河口湖に伝わるかっぱ伝説から生まれた名物で、キュウリの浅漬とトロロ、海苔などをご飯にのせたシンプルな丼だ。梅から松があり、450〜800円。かっぱめし御膳1000円（写真）。要予約。☎聖休温泉施設のデータ参照

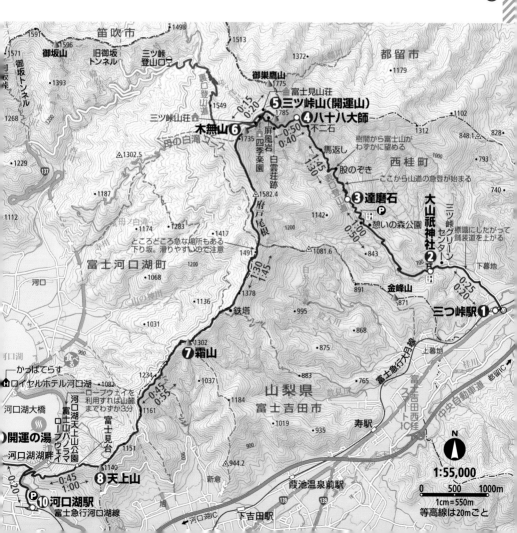

山梨県
中級

標高

1793m
［黒岳］

標高差

登り: **773**m
下り: **937**m

総歩行距離

13.2km

歩行時間

5時間**20**分

難易度:体力

★★★

難易度:技術

★★☆

黒岳 くろだけ

黒岳展望台からは正面に富士山の勇姿、眼下に河口湖が広がる

立ち寄り温泉 河口湖温泉 かわぐちこ ☎0555-76-5220

ラビスタ富士河口湖 ふじかわぐちこ

リゾート感満点の絶景スパ

河口湖と富士山を一望する高台に建つリゾートホテル。南フランスのプロヴァンスをテーマにした館内は、テラコッタタイルなどを使った南仏風のインテリアで統一され、リゾート感たっぷり。温泉大浴場は館内でもっとも富士山と河口湖に近い位置にあり、絶景を眺望しながら天然温泉を楽しめると評判だ。女性大浴場の外にはジャグジー付きの露天風呂があるほか、レンガ造りや岩風呂など趣向の異なる貸切風呂も4カ所ある。宿泊客の状況により利用できない場合もあるので、事前に確認を。

↑正面に富士の絶景を眺められる女性大浴場。外にはジャグジーも
←プロヴァンス風の雰囲気に浸って滞在できる本格リゾート

🕐15〜18時最終受付 ❌不定休
💰1500〜1800円（曜日により異なる）
【泉質・泉温】 カルシウム・ナトリウム・硫酸塩泉・30.8度
【風呂の種類】 内湯2（男1・女1）、露天2（男1・女1）、貸切風呂4 **【その他の施設】** レストラン Ⓟ51台

欄外情報 湖畔を紫に染めるラベンダーは河口湖の夏の風物詩。大石公園を中心に6月中旬〜7月中旬にハーブフェスティバルも開催される。☎0555-72-3168（富士河口湖町観光課）

ポイント 甲府盆地と富士山北麓を分断するように東西にのびる御坂山系。東は高川山・三ツ峠山に始まり、西は節刀ヶ岳などが連なる。黒岳はその主峰で、もっとも高い標高1793mを誇る。黒岳の展望台に立つと、大きく裾野を広げた富士山と鏡を置いたように横たわる河口湖が一望だ。ブナやミズナラの茂る登山道では季節の山野草も多く見られるので、季節を変えて何度でも訪れたい。

アドバイス 登山道には危険な箇所はほとんどないが、頂上直下には足場の悪い岩稜も数カ所あるので、きちんとした装備は必要。シーズンとしては新緑と紅葉がベストだが、御坂峠から黒岳、破風山にかけて多くの山野草が自生しているため、暑さ対策さえすれば夏もおすすめだ。6月下旬～7月中旬なら下山した大石公園のラベンダーが満開なので、この時期に合わせて登るのもいい。

ミズナラの美林越しに富士山を望みながら御坂峠へ

御坂山系を南北に貫く御坂トンネルの河口湖側にある❶三ツ峠入口バス停が起点。国道を反対側に渡り、トンネル手前から右の旧道へ入るとすぐに「御坂峠」の標識がある。沢沿いの登山道に入り、木立に包まれたゆるやかな坂道を登る。この道は甲斐と駿河を結

ぶかつての鎌倉往還の一部で、辻々に立つ石仏が歴史を物語っている。やがて沢と分かれると徐々に勾配がきつくなるが、斜面をジグザグに登るのでそれほど疲れない。「峠道文化の森入口」の標識が立つあたりから、ミズナラの美林が続き、特に落葉する秋には左手の樹間から富士山と河口湖が目を楽しませてくれる。

尾根上に出たところが❷御坂峠。廃業し

ACCESS ◆ アクセス

【電車・バスで】 行き：富士急行線河口湖駅→富士急山梨バス16分・480円→三ツ峠入口
帰り：久保田一竹美術館→富士急山梨バス26分・380円→河口湖駅。
【車で】 中央自動車道河口湖ICから国道137号経由で御坂峠登山口まで約10km。御坂峠登山口の駐車スペースは約10台分。河口湖駅か河口湖畔の公共駐車場に停めて、バスを利用するのが一般的。

HINT ◆ ヒント

河口湖駅から三ツ峠入口バス停へ行くバスは富士山駅始発のダイヤもある。アクセスしやすい駅を選ぼう。後半、大石公園から湖畔を歩くコースにしたが、疲れたら大石公園から河口湖周遊レトロバスを利用して移動してもいい。

CONTACT ◆ 問合せ先

富士河口湖町観光課☎0555-72-3168
富士急山梨バス本社営業所☎0555-72-6877

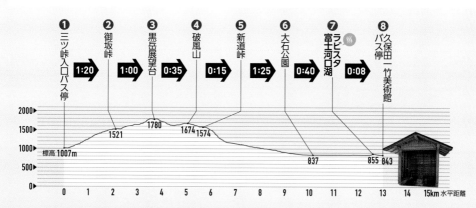

❶三ツ峠入口バス停　1:20　❷御坂峠　1:00　❸黒岳展望台　0:35　❹破風山　0:15　❺新道峠　1:25　❻大石公園　0:40　❼ラビスタ富士河口湖　0:08　❽久保田一竹美術館バス停

標高1007m　1521　1780　1674　1574　837　855　843

2000　1500　1000　500　0

0　1　2　3　4　5　6　7　8　9　10　11　12　13　14　15km 水平距離

↑美しいミズナラ林に囲まれて御坂峠を目指す
→樹間から富士山がわずかに頭を見せる御坂峠
←破風山から新道峠間で見られる大パノラマ

た茶店が立つ小広場で、南側の木々の上から富士山が顔をのぞかせる。ここは北条氏が甲州侵略の拠点とした御坂城があったところ。解説板がないとわかりづらいが、空堀らしい遺構も見られる。黒岳へは茶店の裏側から尾根上のルートを進む。ミズナラやブナが生い茂り、樹間からは右手に甲州市や笛吹市の街並み、左手に富士山と河口湖も望める。

| 買う | 食べる | ¥ | 🍴 |

河口湖自然生活館

- -

夏はラベンダーで埋もれる大石公園にあるショップ＆カフェ。自家栽培のハーブを使ったコスメやポプリ、食品が充実している。カフェではブルーベリーソフトクリーム350円が一番人気。7～8月にはサクランボ狩りやブルーベリー狩りも楽しめる。
☎0555-76-8230　🕘9～18時（11～3月は～17時30分）　㊡金曜（6～8月は無休）

▶富士山と河口湖の絶景広がる展望台、ラベンダーで有名な大石公園へ

　足元に咲く山野草を愛でながら歩き、段差のある岩稜地帯を抜けると黒岳の山頂に到着。花々が咲く草地の広場に山頂指標と標識が立ち、視界は開けない。しかし、ここから200mほど歩いた❸黒岳展望台にはすばらしい絶景が待っている。正面に裾野を広げた富士山、眼下には河口湖が鏡のように輝き、下山する大石集落の田園がパッチワークのように広がる。絶景を楽しみながらお弁当を広げて大休止していきたい。

　黒岳山頂に戻り、西側の樹林帯へ。滑りやすい急な下り坂なので、慎重に歩を進めたい。下りきると芦川村（現笛吹市）への道が分岐するすずらん峠にさしかかり、ここからひと登りで❹破風山に着く。生い茂るカラ

小広場になっている破風山山頂。木々が伸びて眺望は今ひとつ

マツの上に富士山が少し見える程度だが、ここから少し下ったソーラーパネルが設置された地点からは、これまた富士山と河口湖の絶景が楽しめる。視界をさえぎる木々が少ない分、こちらの方がよりワイドな眺望といえるだろう。

再びカラマツの植林地帯を歩き、ゆるやかに下ると❺**新道峠**。直進すると節刀ヶ岳まで3時間10分と記載された標識が立つ峠を左に折れ、大石公園方面へ下る。けもの道のように細い九十九折の坂道をひたすら下り、杉林の植林を抜けるといきなり砂利道の林道に飛び出す。別荘地から大石の集落に下り、河口湖畔の道路に出ると目の前が❻**大石公園**だ。湖畔沿いを歩いて❼**ラビスタ富士河口湖**に向かうのがルートだが、疲れていたらバスで移動するのもいい。入浴前には❽**久保田一竹美術館バス停**で河口湖駅行きバスの時間チェックを。　　（写真・文／五十嵐英之）

見る

大石紬伝統工芸館

大石紬とは、古くから養蚕が盛んだった大石地区に伝わる伝統工芸で、丈夫で軽く柔らかいのが特徴。さまざまな作品が並ぶ館内では、座繰り製糸から機織りまで手作業で糸を紡ぐ様子が見られる。ハンカチ染めや手織機などの体験教室も予約制で受け付けている。☎0555-76-7901 働無料 ⑨〜18時（冬期は〜17時30分） 休無休

山梨県

入門

標高

1355m
[足和田山]

標高差

登り: **411m**
下り: **370m**

総歩行距離

9.5km

歩行時間

3時間46分

難易度:体力

★☆☆

難易度:技術

★☆☆

足和田山から三湖台

広大な樹海の向こうに南アルプス山塊を望む三湖台

↑岩組みの開放的な霊峰露天風呂。奥の建物は香り風呂
←富士の湧水で育った忍野サーモンを使った丼は1060円

立ち寄り温泉 富士北麓温泉　☎0555-85-3126

富士眺望の湯 ゆらり

富士山を眺めながら多彩な風呂を楽しむ

富士山を仰ぎ見るロケーション抜群の日帰り温泉施設。男女別の大浴場があり、正面に富士山を望む内湯の高見風呂、夜はライトアップされる霊峰露天風呂、アロマテラピー効果のある香り風呂、ドーム型の低温バブル風呂の洞窟風呂などが揃う。デトックス効果が高い炭酸風呂やサウナも楽しみだ。かまど風呂や水晶風呂など6種の貸切風呂も人気。

🕐10～22時（21時受付終了）　休無休　💰1300円（土・日曜、祝日は1500円、19時以降200円引き）
[泉質・泉温] カルシウム・ナトリウム-硫酸塩・塩化物泉・26.6度
[風呂の種類] 内湯2（男1・女1）、露天1（男1・女1）、貸切風呂6（50分1700円）
[その他の施設] 休憩室、個室、食事処（11時30分～21時）　🅿135台

欄外情報 鳴沢氷穴は長尾山の噴火によってできた総延長153mの溶岩洞窟。洞窟内は年間平均気温3度で、夏でも冷んやり涼しい。☎0555-85-2301　🕐8時30分～18時（季節によって変更あり）　💰350円

ポイント 河口湖の西端から西湖の南岸を東西にのびる尾根上を歩くこのルートは、東海自然歩道のモデルコースとして整備された。それだけに老若男女に親しまれている定番のハイキングコースである。ハイライトは雄大な樹海を一望する三湖台からの大展望だ。

アドバイス 危険な場所はなく、標識も完備しているので凍結する冬以外は通年楽しめるファミリー向けのコース。特におすすめは11月上旬の紅葉期。足和田山の山頂に至るルートはコナラの紅葉越しに富士山が望め、最高の気分で歩くことができる。

秋が楽しみな広葉樹林帯を五湖台へ
広大な樹海に湖が浮かぶ三湖台

国道139号沿いにある**❶一本木バス停**からスタート。右斜めに分かれる道に入り、300mほど歩いて標識があるところを左折。すぐに**❷東海自然歩道入口**がある。害獣用の防護柵を抜けると、雑木林の中に木段の急坂がのびている。尾根に出るまでジグザグの急坂が続くが、道沿いにはコナラの美林が続き、疲れを忘れさせてくれる。特に、じゅうたんのように舞い積もった落ち葉を踏みしめなが

ら、紅葉の木々の間を歩く秋は最高の風情だ。「←大和田・五湖台→」の標識が立つところからは400段近い木段が断続して続く。ひと汗

秋には体が錦色に染まるほど美しい紅葉が見られる

ACCESS ◆ アクセス

【電車・バスで】行き：富士急行線富士山駅→富士急山梨バス25分・550円→一本木
帰り：富士緑の休暇村→富士急山梨バス30分・670円→富士山駅。
【車で】中央自動車道河口湖ICから国道138・139号経由で道の駅なるさわまで約10km。道の駅なるさわの駐車場を利用し、登山口の一本木までバスで移動する手もあるが、バスの本数が少ないのが難。

HINT ◆ ヒント

往復に利用するバスは富士山駅から河口湖駅を経由するので、アクセスしやすい駅から乗れる。ただし、こちらもバスの本数が少ないので、事前の下調べは欠かせない。時間に余裕があれば鳴沢氷穴にも寄りたい。

CONTACT ◆ 問合せ先

富士河口湖町観光課☎0555-72-3168
鳴沢村企画課☎0555-85-2312
富士急山梨バス本社営業所☎0555-72-6877

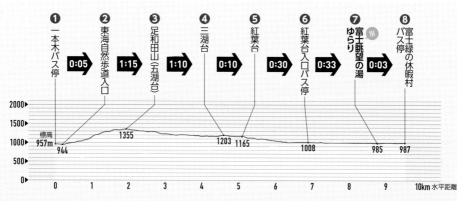

❶ 一本木バス停 0:05 ❷ 東海自然歩道入口 1:15 ❸ 足和田山（五湖台） 1:10 ❹ 三湖台 0:10 ❺ 紅葉台 0:30 ❻ 紅葉台入口バス停 0:33 ❼ 富士眺望の湯 ゆらり 0:03 ❽ 富士緑の休暇村バス停

標高957m　944　1355　1203　1165　1008　985　987

かいて登ると大嵐からの道が右から合流し、その先のススキの広場を抜けたところが❸足和田山（五湖台）の山頂だ。展望台に上がると、南には木立越しに富士山が望め、その反対は樹間から河口湖の湖面も眺められるが、五湖台というほどの大展望が得られないのが残念だ。展望台周辺にテーブルとベンチも並んでいるので、お弁当を開いて休憩しよう。

足和田山から三湖台へは、尾根上に続く雑木林の中をひたすら歩く。森林浴を楽しみながら歩ける気持ちのいい道だ。西湖へ下る道を右に分け、林道と絡み合いながらアップダウンする尾根道を進む。最後に木段の坂道を登り詰めると、広々とした❹三湖台の広場に

足和田山から三湖台へは歩きやすい尾根を行く

飛び出す。赤土の広場にテーブルやベンチ、トイレ、東屋が並ぶ三湖台は、ルート上随一の展望スポット。方位盤がある北側の展望台に立つと樹海が広がり、西湖や本栖湖、精進湖の向こうに南アルプスが連なって望める。

三湖台から西側に続く赤土の道を10分ほど下ると、駐車場とレストハウスがある❺紅葉台。レストハウスの裏から木段を下り、すぐに合流する未舗装の車道をさらに下っていく。木曽駒牧場の前から舗装の平坦路になり、道なりに進むと❻紅葉台入口バス停が立つ国道139号に出る。ここから❼富士眺望の湯 ゆらりまでは徒歩30分ほどあるので、バスの時間が合えば利用してもいい。ゆっくり温泉を楽しんで、❽富士緑の休暇村バス停から帰途につこう。（写真・文／五十嵐英之）

丸太造りの展望台が立つ足和田山の山頂

富士の樹海を一望するビューポイント。西湖・本栖湖・精進湖が見える

雑木林の中の尾根道

展望台から富士山と河口湖が望める。テーブルとベンチもある

西湖

山梨県
富士河口湖町

❸足和田山（五湖台）
1355

大嵐分岐

コナラやカラマツの美林。秋の紅葉シーズンが最高

精進湖・本栖湖

西湖蝙蝠穴

紅葉台展望レストハウス

・913

三湖台

❹

西湖下山道分岐

・1161

・1296

1248

1:00

1:15

いきなり木段の急登

紅葉台水道浄水場

竜宮洞穴

❺

1202.5

1:10
0:50

0:30
0:40

0:10
0:15

1164.6

984

鳴沢

・999

❷東海自然歩道入口
0:05

961

1024

木曽駒牧場

林道

0:33

道の駅なるさわ

鳴沢溶岩樹型

・978

139

❶一本木バス停

氷穴

1011

❻紅葉台入口バス停

❽

0:03

富士緑の休暇村バス停

❼富士眺望の湯 ゆらり

富士北麓温泉

鳴沢村

N

1:50,000

精進湖・本栖湖

鳴沢氷穴

朝霧高原

長尾山

0   500   1000m

1cm＝500m
等高線は20mごと

日向山から白山

神奈川県

初級

標高

404m
［日向山］

標高差

登り： 254m
下り： 350m

総歩行距離

8.8km

歩行時間

4時間03分

難易度：体力

★☆☆

難易度：技術

★☆☆

古道の雰囲気が残る順礼峠。ここから丘陵を歩き飯山観音へ向かう

立ち寄り温泉 飯山温泉 ☎046-241-1109

ふるさとの宿

飯山観音の参道に立つ豪壮な宿

朱塗の橋や日本庭園が旅情を感じさせる一軒宿。御影石を使った大きな大浴場と、天然岩を組んだ露天風呂が男女それぞれにある。ほのかに硫黄臭が漂う、メタけい酸を多く含んだ温泉はつるつるの肌触りで"美肌の湯"として人気が高い。立ち寄り湯は1時間と短めだが、ゆっくりしたいなら食事付き入浴コース3850円がおすすめだ（11〜13時受付、2名以上で要予約）。

↑巨大な銘石に囲まれた風情あふれる露天風呂。つるつるの湯が疲れを癒やす

→ハイキングの帰りでは敷居が高く感じられるほど立派な構えが印象的

⏰立ち寄り湯11〜19時（要事前問合せ）　㊡第1・3火曜休
💴1時間1100円（タオル付き）
［泉質・泉温］ 温泉法上の温泉（メタけい酸・メタほう酸）・18.5度
［風呂の種類］ 内湯2（男1・女1）、露天2（男1・女1）
［その他の施設］ 客室12室（1泊2食付き1万1150円〜）
🅿40台

欄外情報 日向薬師宝物殿は9時30分〜17時（11〜3月は10〜16時）の開館で、拝観料は300円。悪天候時は休館。ただし、本尊薬師如来像は正月三が日と1月8日、4月15日のみの開扉。

ポイント 古くから眼病に霊験あらたかといわれて信仰を集めてきた日向薬師からその背後の日向山を越え、七沢温泉の住宅地へ下って坂東観音霊場第六番札所の飯山観音を目指すコース。尾根に続く雑木林が美しい。

アドバイス スニーカーでも歩ける初心者向けのハイキングコースなので、ファミリーにもおすすめ。ただ、赤土が露出した急坂も多く、特に雨後は滑りやすいので注意。日向薬師裏の梅が咲く春や紅葉期がベスト。

重文仏を安置する日向薬師から美林の丘陵を伝って飯山観音へ

❶日向薬師バス停から来た道を少し戻ったところが日向薬師の参道入口。116段の石段を上り、仁王門をくぐると鬱蒼とした寺林の中を参道が❷日向薬師まで延びている。薬師堂（本堂）は2016年に「平成の大修理」を終えた。隣接する宝物殿で平安～鎌倉時代の重文仏を拝観（P73欄外情報参照）できる。境内を東へ抜け、駐車場の先から「日向山・広沢寺温泉」の標識に従って梅林の中に続く山道へ。岩肌がむき出しになった道を登

厚木方面の眺望がわずかに開ける日向山の山頂。ベンチもある

り、梅の木尾根への道を分け、右手の急坂を越えて行くと❸日向山の山頂だ。

　急坂を下り、鞍部の分岐を七沢温泉方面

ACCESS ♦ アクセス
【電車・バスで】 行き：小田急線伊勢原駅→神奈川中央交通バス23分・290円→日向薬師
帰り：飯山観音前→神奈川中央交通バス25分・350円→小田急線本厚木駅。
【車で】 東名高速道路厚木ICから国道246号・県道63・64号経由で約10km。日向薬師の駐車場を利用しての往復登山が一般的。

HINT ♦ ヒント
往路・復路ともバス便は1時間に2～3本と多いので便利だ。日向薬師から先はトイレがないので注意。

CONTACT ♦ 問合せ先
伊勢原市商工観光振興課☎0463-94-4711
厚木市観光振興課☎046-225-2820
神奈川中央交通伊勢原営業所☎0463-95-2366
小田急お客さまセンター☎03-3481-0066

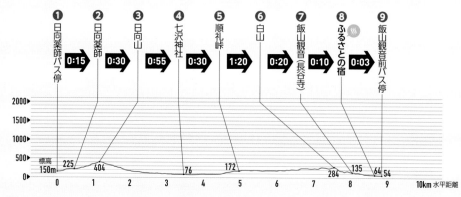

❶日向薬師バス停 →0:15→ ❷日向薬師 →0:30→ ❸日向山 →0:55→ ❹七沢神社 →0:30→ ❺順礼峠 →1:20→ ❻白山 →0:20→ ❼飯山観音（長谷寺） →0:10→ ❽ふるさとの宿 →0:03→ ❾飯山観音前バス停

標高150m　225　404　76　172　284　135　64　54

10km 水平距離

唯一の難所は物見峠手前の急登

へ。急坂を慎重に下って車道に出たら左折。順礼峠への標識を頼りに住宅街を歩き、❹**七沢神社**（ななさわじんじゃ）の先でバス通りを横切って進み、コンビニの手前を右へ折れて再び山道へ。鹿防けのゲートを抜け、ゆるやかに登るとお地蔵様が祀られた❺**順礼峠**（じゅんれいとうげ）に着く。ベンチでひと休みしたら、急斜面の木段を登って丘陵の尾根道を北へ。物見峠から狢坂峠とアップダウンを繰り返すと、展望台がある❻**白山**（はくさん）。展望台の横から女坂を下ると❼**飯山観音（長谷寺）**（いいやまかんのん　はせでら）はすぐそこだ。ここから❽**ふるさとの宿**（やど）までは徒歩10分ほど。宿から橋を渡れば❾**飯山観音前バス停**（いいやまかんのんのんまえ　てい）がある。

（写真・文／五十嵐英之）

買う　　　　　　　　　　　¥

黄金井酒造の「さがみビール」（こがねい）

七沢の名水と麦芽100％で仕込んだ地ビールが「さがみビール」。酵母の力だけで発酵させ、熱による殺菌やろ過をいっさいしないため豊かなコクと香りが楽しめる。華やかな香りのケルシュ、コク深いアルトなど7種類（うち2種類は季節限定）あって、1本524円～。☎046-248-0124 ⏰9～17時 ㊡土・日曜、祝日（冬期は日曜、祝日）

アクセスも便利。ゆるやかな尾根伝いのビギナー向けコース

神奈川県
入門

弘法山

標高

244m
［権現山］

標高差

登り： **149**m
下り： **225**m

総歩行距離

7.2km

歩行時間

2時間**32**分

難易度：体力

★☆☆

難易度：技術

★☆☆

権現山の山頂からは秦野市街の向こうに富士山が美しく望める

立ち寄り温泉 鶴巻温泉 ☎0463-69-2641

弘法の里湯

設備が充実した市営の温泉施設

鶴巻温泉駅から徒歩2分と便利な日帰り温泉施設。秦野市第1号泉と2010年湧出の「つるまき千の湯」の2種の源泉を引き、前者は内湯と貸切風呂、後者は露天風呂で楽しめる。いずれもカルシウムを豊富に含みつるつるの肌触りで、神経痛や筋肉痛、関節痛などに効果的といわれる。2カ所の大浴場は奇数・偶数日で男女交替制。

↑石造りの内湯と庭園風の露天風呂がある「山湯」。檜を使った「里湯」もある
←2本の源泉が楽しめる市営温泉。ゆったりした大広間やそば処、売店も完備

🕙10〜21時 　🈳月曜（祝日の場合は翌日） 　💰2時間以内800円、1日1000円（土・日曜、祝日は2時間以内1000円）
【泉質・泉温】カルシウム・ナトリウム−塩化物泉・38.8度（内湯・貸切風呂）
【風呂の種類】内湯2（男女日替り交替制）、露天2（男女日替り交替制）、貸切風呂1（1時間1000円）
【その他の施設】大広間、貸切休憩室（有料）、そば処（11時〜20時30分LO）、売店、宮永岳彦記念美術館など 　🅿40台

　欄外情報　尾根沿いでは各種の花が楽しめる。春はヤマザクラ、チゴユリ、夏はヤマユリ、オカトラノオ、ヤマホタルブクロ、秋はノハラアザミ、ノコンギク、センブリなど。

ポイント 360度の眺望が楽しめる権現山や、桜とアジサイの名所でもある浅間山と弘法山など四季を通じて魅力いっぱいのコース。大半がゆるやかな丘陵の尾根道を歩くので、ファミリーでも楽しめる万人向けのハイキングコースである。花が見頃の4月と6月はもちろん、澄んだ空気に富士山が浮かび上がる秋〜冬もおすすめだ。

アドバイス コースの大半が弘法山公園の中を歩くのでトイレや水場の心配は無用。道も整備されているところが多く、雨後でなければスニーカーでも大丈夫だ。弘法山の麓にジンギスカンが食べられる「めんようの里　木里館」（月曜休）があるが、ほかに食事ができるところはないので秦野駅周辺のコンビニか弁当店で買っておいた方がいい。

春は桜に埋もれる浅間山と権現山
コース随一の大パノラマを満喫

スタートの❶秦野駅を北口から出て、駅前のロータリーから橋を渡って右折。水無川沿いの道路を東へ15分ほど直進すると❷新常盤橋交差点に突き当たる。信号を渡ってから左折し、河原町交差点をまっすぐ進んだ先に「弘法山公園入口」の大きな案内看板が出ている。右の細い道を入ったところが登山口

だ。九十九折のゆるやかな木段道を登り、道路を走る車の喧騒が遠のいたと思った頃に視界が開け、❸浅間山に到着する。草地の広場になった山頂は桜に囲まれ、テーブルと東屋もあって格好の休憩ポイント。東南方面にわずかに開けた木立の間からは相模湾や江の島も遠望できる。

園内を抜け、駐車場がある車道を横切って雑木林の坂を登るとまもなく上方に法隆寺夢

ACCESS ◆ アクセス

【電車・バスで】行き：小田急線秦野駅
帰り：小田急線鶴巻温泉駅。
【車で】東名高速道路秦野中井ICから県道71号経由で約3km。秦野駅周辺の有料駐車場を利用してコースを歩き、下山口の鶴巻温泉駅から電車で戻るのが一般的。鶴巻温泉駅周辺には有料駐車場が少ないので、逆はおすすめできない。

HINT ◆ ヒント

駅からスタートして駅に下れるアクセス便利なコース。コースの一帯は弘法山公園として整備されているのでトイレも各所に点在している。途中で天候が悪化した場合は東海大学前駅に下るルートもある。

CONTACT ◆ 問合せ先

秦野市環境産業部観光課☎0463-82-9648
小田急お客様センター☎03-3481-0066

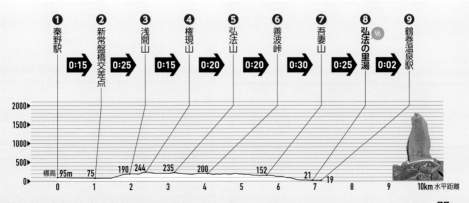

❶秦野駅 ➡ 0:15 ❷新常盤橋交差点 ➡ 0:25 ❸浅間山 ➡ 0:15 ❹権現山 ➡ 0:20 ❺弘法山 ➡ 0:20 ❻善波峠 ➡ 0:30 ❼吾妻山 ➡ 0:25 ❽弘法の里湯 ➡ 0:02 ❾鶴巻温泉駅

標高 95m　75　　190 244　235　　200　　　152　　　　21　19　　　　　10km 水平距離

←登山口からの急坂を登ってたどり着く浅間山公園
↑権現山から弘法山へ続く馬場道は桜の名所
→切通しの分岐点に石仏が並ぶ善波峠は古道の趣が漂う

殿のような形の展望台が現れる。最後に急な木段を登ってたどり着いたところが❹権現山（ごんげんやま）の山頂だ。ここも開けた園地になっていて、春には多くの花見客で賑わう。「関東の富士見百景」に選ばれた場所だけに、階段を上った展望台最上部からは富士山や丹沢、大山の山並みから相模湾まで360度のパノラマが思いのまま。コース随一のハイライトだ。

見る

弘法山

弘法大師が山頂で修行したことが名の由来という弘法山。その後、福泉庵（ふくせんあん）というお堂が建てられたが衰退し、嘆いた山麓の龍法寺の僧が釈迦堂を再建したといわれる。現在の堂は昭和39年（1964）再建。近くの「乳の井戸」は、この水で粥を炊いて食べると乳の出がよくなると伝わる霊水で、かつては授乳期の母親や妊婦で賑わった。

山頂から桜とアジサイが植栽された敷石の階段を下り、かつて草競馬が催されたという平坦な馬場道を弘法山方面へ。東海大学前駅へ下る分岐を右に分け、さらにジンギスカンが食べられる「めんようの里 木里館」へ向かう車道を左に分けて、ゆるやかな木段の坂道を登り詰めると❺弘法山（こうぼうやま）の山頂に飛び出す。山頂は松や桜、イロハモミジなどの樹木が鬱蒼と茂る広場になっていて、その中に弘法大師の石像を安置する釈迦堂や鐘楼、井戸が点在している。

▶ 古道の趣たっぷりの善波峠から日本武尊の伝説が残る吾妻山へ

釈迦堂に参拝したら、その裏側から続くゆるやかな坂道を下る。下りきったところで飲料の自動販売機がある農道を横切り、再び丘陵の尾根を行くハイキングコースへ。アップ

木立の間からわずかに鶴巻温泉の街が望める吾妻山山頂

ダウンの道を抜けていくと、まもなく吾妻山への近道を示す道標があるが、直進して**❻善波峠**へ。ここは高取山から大山方面へのルートが交差する旧矢倉沢往還で、切通し状になった道端には御夜燈や石仏が並んで往時の様子を伝えている。御夜燈は文政10年（1827）に立てられたもので、明治末期までは点灯されて旅人の道標になったという。

峠からは東へ進路を取り、コナラやクヌギなどの美しい広葉樹林の中を歩く。晴れていれば木漏れ日が気持ちいいルートで、森林浴を思う存分楽しめる。軽いアップダウンを繰り返して着いた**❼吾妻山**は東屋とテーブルがある小ピーク。かつて日本武尊がこの頂に立ち、亡き妻を偲んで「あずま、はや」と詠嘆したことからこの名前が付いたといわれている。枝をのばした樹林の間からわずかに鶴巻温泉の街並みが見える。

吾妻山からは木段もある急坂を下って車道に出る。東名高速道路の下をくぐり、標識に従って住宅街を歩けば、やがて**❽弘法の里湯**の前に出る。ゴールの**❾鶴巻温泉駅**へはここから徒歩２分だ。　　（写真・文／五十嵐英之）

市街地とは思えない見事な広葉樹林帯が続く吾妻山の道

食べる

一の屋 鶴寿庵

弘法の里湯の1階にある手打ちそばの店。本店の「一の屋」は明治6年（1873）に秦野本町で創業した老舗で、その伝統と技をこの店でも堪能できる。大きな海老天が2本付く天せいろそばは1280円。そのほか和定食から洋定食、丼物、デザートなどメニューは豊富。生ビール中ジョッキ580円。☎0463-59-9288　温泉施設のデータ参照

1:50,000
500　1000m
1cm=500m
等高線は20mごと

神奈川県
秦野市
伊勢原市

美しい雑木林が茂る林間を歩く
新善波トンネル
善波峠 ❻
名古木
めんようの里 木里館
吾妻山 ❼
車道に出て高速道路の高架をくぐる
鶴巻温泉
鶴巻温泉駅 ❾
相模大野・新宿駅
弘法の里湯 ❽
一の屋 鶴寿庵
浅間山 ❸
弘法山 ❺
「弘法山公園入口」の看板を右折して登山道へ
桜の季節には花見客で賑わう馬場道
弘法山公園入口
権現山 ❹
展望台あり
駅前にコンビニや弁当店あり
秦野駅 ❶
弘法橋
新常盤橋 ❷
交差点
弘法の清水
尾尻川
上大槻
小田急小田原線
南矢名
東海大学前駅
真田
平塚市
北金目

神奈川県

中級

大山三峰山
（おおやまみつみねさん）

標高
935m
[大山三峰山]

標高差
登り: **798**m
下り: **846**m

総歩行距離
11.6km

歩行時間
5時間**30**分

難易度：体力
★★★

難易度：技術
★★★

ハシゴやクサリ場が続く山頂付近。スリルたっぷりの山歩きが楽しめる

↑湯船が2段に分かれた男性用の露天風呂。上段は冷泉が注がれている

←昭和初期創業の風格が漂う。テレビや映画の舞台としても数多く登場

立ち寄り温泉

☎046-248-0011

玉翠楼
（ぎょくすいろう）

露天風呂で強アルカリ性の名湯を

七沢川沿いの純和風の一軒宿。内湯は宿泊者専用だが、立ち寄り湯の客は庭園内にある露天風呂が利用できる。pH10.3の強アルカリ性の湯はつるつるした優しい肌触りが特徴で、美肌の湯、子宝の湯として親しまれている。大広間での2時間の休憩と軽食・飲み物1本が付く川コースは2750円。名物猪鍋が付く3時間コースは5500円。食事付きは要予約。

🕐立ち寄り湯11〜16時（土・日曜、祝日は〜17時）　🈟無休
💴1時間以内1000円
[泉質・泉温] 強アルカリ性の鉱泉・24度
[風呂の種類] 内湯2（男1・女1）、露天2（男1・女1）
[その他の施設] 客室15室（1泊2食付き1万3300円〜）、大広間、軽食コーナー（営業時間・休みは要確認）　🅿15台

欄外情報 小田急線の丹沢・大山フリーパスは発駅から本厚木〜渋沢間と神奈川中央交通バスの指定区間内が乗り放題になるお得なきっぷ。新宿駅からなら、Bキップ1560円、大山ケーブル乗車券付きのAキップ2520円。

ポイント 名前の通り、3つのピークが南北に並び立つ岩峰が大山三峰山。標高は1000mに満たないが、山頂付近は段差のある岩場にハシゴやクサリ場が連続する難所になっており、山歩きに慣れた中級者向けコースである。とはいえ、雨後を避けて慎重に登ればそれほど危険な場所はなく、スリルと変化に富んだハイキングを堪能できる。

アドバイス 岩場の難所が多いので、しっかりとした足固めは不可欠。下りで体を支えるトレッキングポールと軍手も用意したい。また、スタート地点の煤ヶ谷から広沢寺温泉までは水場も食べ物が買える場所もないので、弁当と飲水は持参すること。登山道付近には山ヒルがいるので靴や靴下に塩を塗り込んでおくなどの対策（P82参照）も忘れずに。

沢沿いの林間道で高度を上げ まずは物見峠分岐を目指す

厚木駅北口の5番乗り場から上煤ヶ谷・宮ケ瀬行きのバスに約40分揺られ、清川村役場の先の**❶煤ヶ谷バス停**で下車。すぐ先の橋を渡ったところに立つ「不動尻−谷太郎林道」の標識を目印に左折して、沢沿いの道を進む。しばらく行くと右手に坂道が分かれるので、標識の「札掛・物見峠・三峰山」に従ってその坂を上がっていく。正住禅寺の駐車場を過ぎるとようやく右側に**❷登山道入口**が現れる。ここには清川村が設置した登山届の箱と山ヒルの防止剤が常備されているので、忘れずに足元に散布しておこう。

沢沿いのハイキングコースに入り、昼なお暗い雑木林の中を歩く。ところどころ崩壊して歩きづらくなっている場所もあるが、時折樹間から眺められる清川村や厚木市街の風景

ACCESS ◆ アクセス
【電車・バスで】行き：小田急線本厚木駅→神奈川中央交通バス40分・500円→煤ヶ谷
帰り：広沢寺温泉入口→神奈川中央交通バス38分・370円→本厚木駅。
【車で】東名高速道路厚木ICから国道246号・県道63・64号経由で約15km。登山口と下山口のバス路線が異なる上、煤ヶ谷に駐車場はなく、広沢寺温泉周辺に一般車通行止があり、マイカー登山には不向き。

HINT ◆ ヒント
山頂周辺は日当たりの悪い日陰が多く、冬期は凍結の心配があるため新緑から晩秋までが登山適期。夏場でも広葉樹林帯が日差しを遮ってくれるので意外と涼しい山歩きが楽しめる。

CONTACT ◆ 問合せ先
清川村産業観光課☎046-288-3864
厚木市観光振興課☎046-225-2820
神奈川中央交通厚木営業所☎046-241-2626

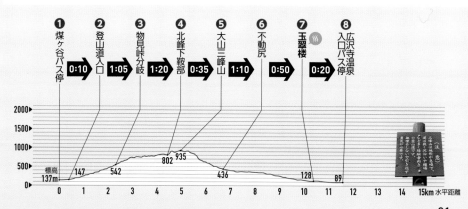

←北峰下鞍部へ向かう尾根道では丹沢方面が望める
↑北峰下鞍部。この先急登が続くのでひと息入れよう
→北峰から中央峰へクサリやハシゴを頼りに進む

が目を楽しませる。勾配は徐々にきつくなっていき、長い斜面に続く木段をジグザグに登っていくと、やがてテーブルとベンチがある❸物見峠分岐に着く。ここでは登山者に対する注意看板が目を引く。曰く「三峰山は地形が急峻で、道が狭く沢沿いや鎖場など多く経験者向けの登山道です。無理をしないで引き返す勇気が必要です」。あらためて気を引

き締め、ここでトレッキングポールや軍手など、装備の最終確認をしておこう。

▶ 北峰下鞍部から急な木段を登りいよいよ急峻な山頂の縦走へ

物見峠分岐から15分ほど登ると小祠とテーブル兼ベンチがある山の神があり、さらにひと登りすると物見峠からの道が合流する尾根上に出る。手入れの行き届いた檜の植栽林が美しいところ。急斜面についた丸太の階段を登ると明るい尾根に出て、右手に丹沢の主脈が遠望できる。さらに笹から雑木林に変わった道を進むと、木立に包まれてテーブル兼ベンチがある❹北峰下鞍部。この先は急登になるので、大休止していこう。

さて、いよいよここからがコースのハイライト。険しい岩山に付けられたクサリやロープ、ハシゴ状の木橋を伝って北峰から❺大

COLUMN

山ヒルの対策

登山道の沢沿いの道には、ジメジメした環境を好む山ヒルが生息している。靴にとりつき、そこから這い上がって足に食いついて多量に出血させるという厄介者。痛みはまったく感じない。登山口に山ヒル除けのスプレーが用意してあるのでそれを使おう。また山ヒルは塩分を嫌うので、靴や靴下に塩を摺り込んでおくのも効果的だ。

指標と三角点、テーブルがあるだけの大山三峰山山頂

山三峰山（やまみつみねさん）の最高点・中央峰、さらに少し下って南峰とスリル満点の登攀が楽しめる。大きな段差が危険な場所もあるが、クサリやロープがしっかりと固定されているので、ゆっくり慎重に進めば恐れるほどのことはない。各ピークではほとんど展望は効かないので、ここは山歩きに集中して進もう。

南峰からは樹林帯の斜面を急降下する。転落防止用のクサリを頼りに下ると、やがて瀬音が心地よい沢沿いの道になり、下りきると、大山から唐沢峠を経た登山道が合流する❻**不動尻**（ふどうじり）。ここから舗装された林道を下り、山神トンネルを抜け❼**玉翠楼**（ぎょくすいろう）へ。川音を聞きながらの最高の湯浴みが堪能できる。玉翠楼前に広沢寺温泉バス停もあるが、本数が少ないので、20分ほど歩いた❽**広沢寺温泉入口バス停**（こうたくじ おんせんいりぐちばすてい）から帰途につく。

（写真・文／五十嵐英之）

食べる

玉翠楼の軽食コーナー

大広間での猪鍋や定食は予約が必要だが、庭園内にイスとテーブルが置かれた軽食コーナーなら、風呂上がりに気軽に利用できる。おすすめは、風味豊かなざるそば500円。厚木鮎の塩焼き600円や川海老の唐揚げ500円など、生ビールにぴったりの肴も用意されている。丹沢名水コーヒーは200円。

☎営休温泉施設のデータ参照

神奈川県
入門

標高
561 m
［鐘ヶ嶽］

標高差
登り： **472** m
下り： **462** m

総歩行距離
7.7 km

歩行時間
3 時間 **5** 分

難易度：体力
★☆☆

難易度：技術
★☆☆

鐘ヶ嶽
（かねがだけ）

七沢浅間神社参道の二十一丁目展望所から相模湾方面を望む

↑木立に包まれた男性用露天風呂。初夏の新緑、秋の紅葉が楽しみ
←木々に隠れるようにひっそりとたたずむ一軒宿。現当主で3代目の老舗

立ち寄り温泉 かぶと湯温泉　☎046-248-0025

かぶと湯温泉 山水楼
（ゆおんせん　さんすいろう）

トロミのある名湯でぽっかぽか

玉川支流の小川沿いに立つ一軒宿。自噴する鉱泉はメタけい酸とメタほう酸を豊富に含みpH10を超える強アルカリ性。源泉温度が17.4度と低いため、加温しているが、かけ流しにこだわった湯は驚くほどトロミがあり、肌がつるつるに。浴室は男女それぞれ内湯と露天風呂があり、木立に包まれた露天風呂は風情満点だ。

🕐立ち寄り湯11〜17時（16時受付終了。混雑時不可の場合あり、要確認）　㊡火・水曜（祝日の場合は要確認）
💴1時間以内1100円
[泉質・泉温] 温泉法上の温泉（メタけい酸、メタほう酸）・17.5度
[風呂の種類] 内湯2（男1・女1）、露天2（男1・女1）
[その他の施設] 客室7室（1泊2食付き1万1150円〜）、大広間　🅿10台

欄外情報 広沢寺温泉の「ますや」では釣ったニジマス（貸竿100円、1尾350円）を塩焼き（調理代200円）で食べられる。☎046-248-0035　🕐10〜17時（12〜2月頃は土・日曜、祝日のみ営業）　㊡不定休

ポイント 戦国時代、上杉定正の七沢城へ合図するために鐘が置かれたのが鐘ヶ嶽の名前の由来。また竜宮から上げた鐘を山中に埋めたという伝説も残っている。七沢浅間神社は古来、養蚕や安産の神として信仰された古社で、今でも村社として崇められている。

アドバイス 広沢寺温泉入口バス停から山神トンネルを抜けるところまでは舗装された林道を歩く。全般に急勾配が少ないので家族連れでも楽しめるコースになっている。ただ、七沢浅間神社からの下り坂は岩がゴロゴロした悪路で、少々滑りやすい。

木立に囲まれた鐘ヶ嶽山頂から趣漂う七沢浅間神社参道を下る

　スタートの❶広沢寺温泉入口バス停でバスを降りたら来た道を少し戻って細い道を右へ。すぐに七沢荘の手前を右折し、歩道もある舗装路を七沢川いに歩く。小さい棚田や畑が広がるのどかな道を10分ほど進み、広沢寺温泉の一軒宿・玉翠楼を右手に見送った先で日向薬師への道を左に分けると、道路は次第にゆるやかな登り坂になる。杉の植林の中に続く林道を登り詰め、車止めゲートから左

に巻くような急坂を登るとまもなく山神トンネル。トンネルの手前から鐘ヶ嶽へは近道の急坂ルートも分かれているが、ここはトンネ

山神トンネルの先で登山道に入るとすぐに丸太橋を渡る

ACCESS ◆ アクセス
【電車・バスで】行き：小田急線本厚木駅→神奈川中央交通バス38分・370円→広沢寺温泉入口
帰り：鐘ヶ嶽→神奈川中央交通バス37分・370円→本厚木駅。
【車で】東名高速道路厚木ICから国道246号・県道63・64号経由で約12km。玉翠楼（P80参照）の入口近くに広い無料駐車場がある。山水楼から玉翠楼へは徒歩20分ほどで戻れる。

HINT ◆ ヒント
アップダウンが少なく、危険な場所もない半日コース。雨が降った後でなければスニーカーでも大丈夫。広沢寺温泉入口バス停手前にコンビニもある。

CONTACT ◆ 問合せ先
厚木市観光振興課☎046-225-2820
東丹沢七沢観光案内所☎046-248-1102
神奈川中央交通厚木営業所☎046-241-2626
小田急お客様センター☎03-3481-0066

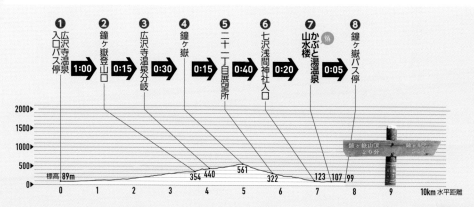

ルをくぐり❷鐘ヶ嶽登山口から山頂を目指す。

登山道に入り、鬱蒼とした雑木林の中をゆっくり登っていく。ロープを伝い丸太橋を渡ると、まもなく急坂コースと合流する❸広沢寺温泉分岐。ここから快適な尾根道が山頂まで続く。一部ロープがつけられた崖上を行く場所もあるがきついアップダウンもなく、時折右手に開ける厚木市街の眺望を楽しみながら、のんびり歩ける。最後に木の根がむき出しになった坂道をひと登りすると、広場になった標高561mの❹鐘ヶ嶽山頂にたどり着く。周囲を杉の植林に囲まれているため眺望は効かないが、コース上で唯一のテーブルとイスがあるので弁当を広げて休憩しよう。

山頂から急勾配の坂道を少し下ると、赤い

順礼道の雰囲気を漂わせる七沢浅間神社の参道

屋根が印象的な七沢浅間神社の境内に飛び出す。木花咲耶姫命・大山祇命・誉田別命の三柱を祀る社殿に手を合わせたら、鳥居をくぐって参道の石段を下る。社殿が立つ二十七丁目から麓の一丁目まで続く長い石段は、石がゴロゴロして滑りやすい場所もあるが、辻々に石仏や道標が並んで古道の雰囲気が満喫できる。350段ほど石段を下ると、巨岩が並ぶ❺二十一丁目展望所があり、岩の上に立つと厚木方面の街並みが一望。このコースのハイライトといえる大展望が楽しめる。

鹿の食害防止ゲートをくぐり、❻七沢浅間神社入口まで下って右へ。しばらく歩き、バス停への近道を示す標識を左に入って農家の間を抜けていくと❼かぶと湯温泉 山水楼はすぐだ。汗を流して❽鐘ヶ嶽バス停から帰途につく。　　　　　（写真・文／五十嵐英之）

七沢浅間神社の境内からは厚木方面の眺望が楽しめる

神奈川県
厚木市

1:25,000
1cm=250m
0　250　500m
等高線は10mごと

湯坂路<small>ゆさかみち</small>から浅間山<small>せんげんやま</small>

標高
849m [芦之湯]

標高差
登り: **751**m
下り: **0**m

総歩行距離
8.2km

歩行時間
3時間**10**分

難易度：体力 ★★☆

難易度：技術 ★☆☆

地を這うように絡まり合いながら延びる木の根道

立ち寄り温泉 芦之湯温泉<small>あしのゆ</small> ☎0460-83-7045

美肌<small>はだ</small>の湯<small>ゆ</small> きのくにや

美肌の湯で名高い歴史ある名湯

古くから旅人の疲れを癒やした箱根七湯きっての名湯で、宿は正徳5年（1715）創業。3000坪にも及ぶ広大な敷地に昭和初期建築の本館を始め、別館と新館、湯香殿<small>こう</small>、貴賓殿の浴場棟が立ち並んでいる。源泉5本に大小15の湯船があり、風呂三昧が楽しめる宿として人気が高い。立ち寄り湯は湯香殿と貴賓殿の2つの露天風呂付き大浴場が利用できる。どちらも広大な庭園を望み、開放感抜群だ。

↑貴賓殿にある男性用の内湯「黄金湯」。湯は白濁した芦之湯3・6号泉

→江戸初期に開湯された芦之湯温泉随一の老舗。風格あるたたずまいだ

🕐立ち寄り湯12時30分〜16時（土・日曜、祝日は〜15時、1時間前受付終了）　🈡不定休　💰2時間以内1000円
[泉質・泉温] 単純硫黄泉など・31.9〜66.4度
[風呂の種類] 湯香殿・貴賓殿（男女別内湯各1、露天各1）
[その他の施設] 客室48室（1泊2食付き1万2850円〜）
🅿50台

欄外情報 鷹巣山にあった鷹巣城は秀吉の小田原攻めに備えて後北条氏が築いた。天正18年（1590）に秀吉が箱根に入った際には、随行していた徳川家康もこの城に滞在したといわれる。

古来、官道として整備された足柄峠越えに代わって、鎌倉時代に入ってから箱根越えのメインルートとなったのが湯坂路。鎌倉を目指した源頼朝、小田原攻めの豊臣秀吉も通った歴史ある道である。江戸時代に旧街道が完成するまでその賑わいは続いた。

芦之湯温泉に浸かるのが最終目的のプランなので、箱根湯本から登りのコースを選んだ。芦之湯温泉にこだわらない場合は、箱根湯本駅から湯坂路入口までバスに乗り、逆コースをたどると全行程下りになる。箱根湯本にも日帰り温泉施設は多い。

石畳や木の根道、古道の面影を感じながら城が築かれた山頂へ

❶箱根湯本駅から駅前の国道1号を芦ノ湖方面へ。商店街を抜けて早川を渡った先に立つ「湯坂路（鎌倉古道）」の標識が**❷湯坂路登り口**。山の斜面に入ると、昼なお暗い雑木林の中を登山道が続いている。朽ちかけた石畳も残るゆるやかな登り坂は、古道の趣たっぷりだ。30分ほど登り、やや平坦なところに出たらそこが**❸湯坂城跡**。解説看板がないと分かりづらいが、室町時代に築かれた山城跡で、豊臣秀吉の小田原攻めの際には北条氏が防衛の拠点としたところ。現在も残る土塁がかろうじて歴史を伝えている。

登り口からしばらくは石畳が残る暗い山道を歩く

ACCESS ◆ アクセス

【電車・バスで】行き：箱根登山鉄道箱根湯本駅
帰り：芦の湯→箱根登山バス・伊豆箱根バス26分・790円→箱根湯本駅。
【車で】東名高速道路厚木ICから小田原厚木道路・国道1号経由で約36km。湯本大橋のたもとに公共駐車場、商店街に有料駐車場がある。また、土・日曜、祝日には湯本大橋を渡った先にある町役場の駐車場も有料駐車場として開放される。

HINT ◆ ヒント

土・日曜、祝日は駐車場・周辺道路の混雑が激しいので、早朝の到着を心がけたい。帰路のバスも渋滞に巻き込まれることが多く、その場合は小涌谷で下車して箱根登山鉄道に乗り換えるのも一つの手段。

CONTACT ◆ 問合せ先

箱根町観光課☎0460-85-7410
箱根町総合観光案内所☎0460-85-5700
箱根登山バス小田原営業所☎0465-35-1271

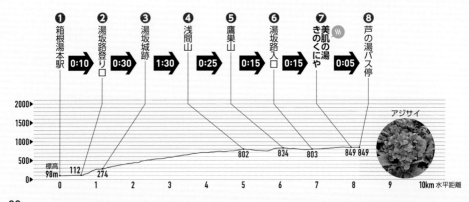

❶箱根湯本駅		❷湯坂路登り口		❸湯坂城跡		❹浅間山		❺鷹巣山		❻湯坂路入口		❼美肌の湯きのくにや		❽芦の湯バス停
	0:10		0:30		1:30		0:25		0:15		0:15		0:05	

アジサイ

標高98m　112　274　802　834　803　849 849

10km 水平距離

広々として開放的な浅間山の山頂。絶好の休憩スポット

　笹が両側に密生する坂道を登り、木の根が地を這うように道を覆う場所を抜けると、やがて桜とカエデが交互に植えられた広い並木道に出る。中ほどに丸太を置いた横長のベンチがあるので、この先の急坂に備えて小休止しよう。ジグザグの急登を越えると見事なカエデのトンネルが小ピークの城山まで続く。城山を下ったところで大平台へ下る道を右に分け、両側にススキが茂る山道を登っていくと、まもなく平坦な草原が広がる❹浅間山（せんげんやま）の頂上にたどり着く。背の高い木々に囲まれているため眺望は効かないが、ベンチとテーブル、シートを広げるのにぴったりの草地があり、お弁当を広げるには絶好のポイントだ。ここから宮ノ下へ下る道が分岐している

案内板があるだけの湯坂城跡。わずかに土塁が残る

ので、ショートカットもできる。

　頂上からは両側にアジサイが植えられた道を下る。鞍部（あんぶ）で鷹巣山林道を横切ると、すぐに石畳の急坂に差し掛かる。コース中で一番の登りだが、途中で見える小田原方面の海が疲れを癒してくれる。登り着いた❺鷹巣山（たかのすやま）も秀吉の来攻に備えて後北条氏が築いた城の跡。ベンチとテーブルが一つあるが、ここも残念ながら伸びきった木々に遮られて展望は開けない。鷹巣山からやや平坦な道を15分ほど歩くと国道1号の❻湯坂路入口（ゆさかみちいりぐち）に出る。左折するとすぐに湯坂路入口バス停があり、さらに15分ほど歩くと❼美肌の湯 きのくにやがある芦之湯温泉。濁り湯で疲れを癒やし、❽芦の湯（あしゆ）バス停（てい）から帰途につこう。

（写真・文／五十嵐英之）

神奈川県

初級

標高

733m
［元箱根］

標高差

登り： **4m**

下り： **635m**

総歩行距離

11.6㎞

歩行時間

3時間55分

難易度：体力

★★☆

難易度：技術

★☆☆

箱根旧街道
（はこねきゅうかいどう）

江戸時代に整備された箱根旧街道。今も歴史を感じながら歩ける

↑中央に丸い浴槽があるだけのシンプルな造り。写真は男性用
←旧東海道に面して立つひなびた風情の建物が印象的

立ち寄り温泉 ▶ 箱根湯本温泉（はこねゆもと）　☎0460-85-5233

弥坂湯
（やさかゆ）

浴場の懐かしい雰囲気も人気の名湯

箱根旧街道沿いにあり、開業以来65年間地元の人達に大切にされてきた町営の公衆浴場。ひなびた外観や昔ながらの番台、シンプルな丸い浴槽など、古き良き時代の銭湯を思い出させる懐かしい風情が温泉ファンを集めている。柔らかい肌触りの湯はPh8.7のアルカリ性単純温泉。少し離れた場所に湧く45.8度の源泉は浴槽に入る時点で約40度の適温になるので、加温も加水もなし。もちろん循環も行っていない本物の源泉かけ流しだ。タオルや石けんは置いてないので持参するのが賢明だが、番台で販売もしている。

🕐9時～20時30分（20時受付終了）　🈚木曜　💴650円
[泉質・泉温] アルカリ性単純温泉・45.8度
[風呂の種類] 内湯2（男1・女1）
[その他の施設] なし　🅿2台

　欄外情報 箱根旧街道の石畳道は小石と土を突き固めた地面の上に、石と石を組み合わせて並べてある。道の脇には縦に排水路を造るなど災害にも配慮し、当時としては最高の土木技術を今に伝えている。

> **ポイント** 湯坂路（P87参照）に代わり、元和4年（1618）に江戸幕府の東海道整備によって箱根越えのメインルートとなった箱根旧街道。当初は細竹を毎年敷き詰めて通行していたが、大変な費用と労力がかかるため、延宝8年（1680）に石畳を敷設。ここでは箱根関所跡から箱根湯本まで踏破するプランにしたが、後半は車道を歩くので畑宿か須雲川からバスに乗って湯本まで行くのもいい。

> **アドバイス** 箱根は車でアクセスしやすい人気の観光地だけに、革靴やハイヒールなどの軽装で歩いて難渋している観光客もしばしば見かける。だが、石畳の路面は非常に滑りやすく、油断は禁物。靴などの装備は必要だ。特に下り坂は危険なので、ゆっくり慎重に歩きたい。12〜2月は凍結のため、また、梅雨時や雨後は濡れていて道が特に滑りやすいので、おすすめできない。

▶ 関所や杉並木、箱根の名所をたどり昔ながらの風情が残る甘酒茶屋へ

❶**箱根町バス停**で下車。江戸時代の建物が復元された箱根関所跡を横目に歩き、車道と並行する杉並木を北へ。箱根旧街道の杉並木は元和4年（1618）に江戸幕府によって整えられたもので、現在は国の史跡として保護されている。杉並木を抜けたところが❷**元**

箱根。赤い鳥居の横を右折し、日輪寺の前を進むと箱根旧街道の看板と地図がある広場が左に見えてくる。ここから歩道橋を渡るといよいよ石畳道に入る。小田原から来た旅人が初めて芦ノ湖を見てひと息ついたという権現坂だ。今は木立が茂って芦ノ湖は見えないが、当時は広々とした眺望が楽しめたのだろう。

　デコボコの石畳道をゆっくり登り、お玉ヶ

ACCESS ◆ アクセス

【**電車・バスで**】行き：箱根登山鉄道箱根湯本駅→箱根登山バス・伊豆箱根バス43分・980円→箱根町　帰り：箱根湯本駅。
【**車で**】東名高速道路厚木ICから小田原厚木道路・国道1号経由で約51km。元箱根周辺に有料・無料駐車場が数カ所ある。マイカーの場合は箱根湯本まで行かず、甘酒茶屋か畑宿からバスで折り返すのが一般的だ。

HINT ◆ ヒント

国道1号と並行するコースなので、適当なところで打ち切っても路線バスを利用できるのがこのコースの便利なところ。石畳道の感触を楽しむだけなら、元箱根から甘酒茶屋か畑宿で打ち切るといい。

CONTACT ◆ 問合せ先

箱根町観光課☎0460-85-7410
箱根町総合観光案内所☎0460-85-5700
箱根登山バス小田原営業所☎0465-35-1271

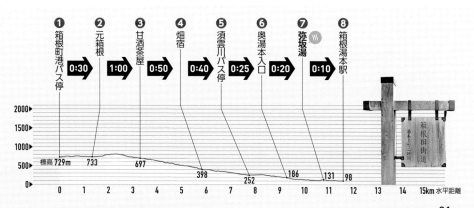

←芦ノ湖の湖畔に続く杉並木を歩けば旅人気分は満点
↑昔の面影を留める甘酒茶屋はハイカーのオアシス
→畑宿からの下り道には石碑や石仏が点在する

池・精進池の分岐を過ぎると、「箱根八里は馬でも越すが……」でおなじみの「箱根馬子唄」の石碑がある。やがて道は下り坂になり、意外にあっけなく峠を越えてしまう。滑りやすい坂道を慎重に下るとまもなく❸甘酒茶屋の裏手に出る。茅葺屋根が昔ながらの雰囲気を残す茶屋は、格好の休憩ポイントだ。囲炉裏が焚かれた店内で名物の甘酒や力餅を楽しもう。

甘酒茶屋をあとにして、横断歩道を渡ると猿滑坂の急な下り。石畳道はとにかく下りが滑りやすいので、細心の注意が必要だ。坂を下ると県道と箱根新道、旧街道のヘアピンカーブが複雑に絡み合う七曲りだ。車道を歩くところもあるので車には要注意。七曲りが終わったところで再び旧街道に入り、歩道橋を渡ると❹畑宿に到着。かつては東海道の交通拠点として栄えた旧宿場町だが、今は寄木細工で知られている。畑宿からは旧街道と車道が交互に続き、道も須雲川自然探勝歩道になる。歩道の終点が❺須雲川バス停。ここからは車道を歩き、温泉街への道と分かれる❻奥湯本入口を過ぎると、まもなく❼弥坂湯が右手にある。汗を流してから❽箱根湯本駅へと歩く。　　　　（写真・文／五十嵐英之）

甘酒茶屋

文政年間（1818〜29）に箱根旧街道に9軒置かれた茶屋の1軒で、今も創業当時のままのたたずまいを見せる。茅葺屋根を燻す囲炉裏が焚かれた店内や、屋外のテーブルで休める。炭火で焼いた名物の力餅は磯辺・うぐいす・黒ゴマの3種類で、2個500円。甘酒は400円。☎0460-83-6418
🕐7時〜17時30分　休無休

寄木細工の職人が集まる畑宿。茶店やトイレもある

見る

畑宿寄木会館

色の違う木を組み合わせて幾何学模様の種木を作り、これを鉋で薄く削って箱などの化粧材にしたのが箱根の伝統工芸・寄木細工。弘化年間（1844～48）に石川仁兵衛が考案したといわれている。館内ではビデオを使った製作行程の紹介、道具の展示が興味深い。☎0460-85-8170 　料無料
時9～16時　休無休

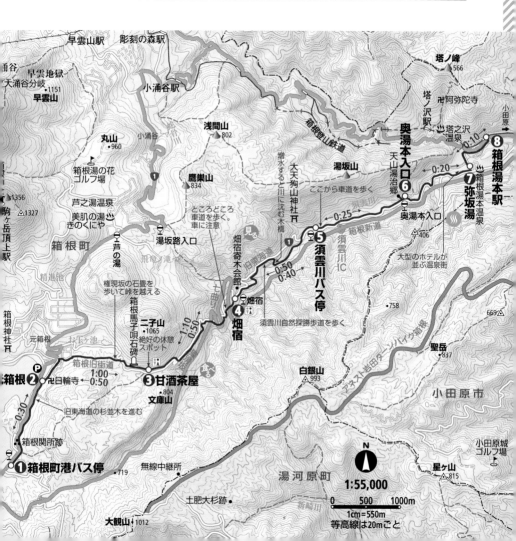

1:55,000

0　　500　　1000m

1cm=550m
等高線は20mごと

| 神奈川県 |
| 初級 |

標高

924m
［明星ヶ岳］

標高差

登り：**473**m
下り：**756**m

総歩行距離

8.1km

歩行時間

3時間**35**分

難易度：体力
★★☆

難易度：技術
★★☆

明星ヶ岳から塔ノ峰

大文字焼の点火地点からは大涌谷や強羅の町並みが一望できる

↑床一面にモザイクタイルが貼られた女性風呂。露天風呂もある
←塔之沢温泉の高台にあり、緑に包まれた環境がすばらしい

立ち寄り温泉 塔之沢温泉　☎0460-86-4000

一の湯新館

モザイクタイルが美しい浴室でのんびり

寛永8年（1631）創業の老舗旅館・箱根一の湯の新館で、緑に囲まれた閑静な環境にある。自家源泉を引くアルカリ成分の高い湯は柔らかい肌触りが特徴で、美肌の湯として常連客に好評を博している。1階にある男女別の大浴場はモザイクタイルとステンドグラスが美しいモダンな造り。落ち着いた雰囲気の中でゆっくりと湯浴みが楽しめる。一の湯グループの宿は箱根に8軒あり、当日に限りここのレシートを持参すると、すべての施設の入浴が無料というサービスもうれしい。

🕐立ち寄り湯13〜20時　🈳無休　💰900円
[泉質・泉温] アルカリ性単純温泉・41度
[風呂の種類] 内湯2（男1・女1）、露天2（男1・女1）
[その他の施設] 客室20室（1泊2食付き1万9800円〜）
Ⓟ20台

欄外情報 塔ノ峰中腹にある阿弥陀寺はアジサイ寺として知られている。境内には山アジサイやガクアジサイ、本アジサイなど80種約4000株のアジサイが植えられている。見頃は6月下旬〜7月中旬。

ポイント 毎年8月16日の盂蘭盆会の送り火行事として、花火とともに夜空を焦がす大文字焼で知られるのが明星ヶ岳。小田原方面から眺めると、この山の上に大きく宵の明星がかかって見えるところから、この美しい山名が付いたといわれている。宮城野からスタートし、ブナが茂る山道から大文字焼の点火地点を経由して明星ヶ岳へ。そこから尾根歩きを楽しんで塔之沢温泉へ下るプラン。

アドバイス 明星ヶ岳へは宮城野支所前バス停から別荘地を経由して明神ヶ岳下の鞍部へ登り、そこから縦走するコースもよく知られている。だが、鞍部への登山道が荒れている上、展望も開けないため、ここではこのコースを選択した。林間の尾根歩きが楽しめる初心者向けコースなので、ファミリーで歩くのもおすすめ。季節も冬の降雪期を除けばいつでもOKの人気コースである。

ブナや杉の美林を登りつめ 箱根の絶景が広がる大文字へ

宮城野橋のたもとにある**❶宮城野橋バス停**から橋を渡って右折。すぐの四つ角に「→明星ヶ岳登山口」の標識があるのでそこを右折し、旅館・櫻休庵別邸凛の前を通ってその先の箱根老人ホームの先を左折。舗装された車道を道なりに登り、砂利道になった先に

❷登山口がある。鬱蒼とした樹林帯の中を急登の木段が山の中へ延びているが、登り始めは左手に神山や駒ヶ岳の雄姿が眺められて気分は爽やかだ。その道も次第に勾配が急になり、木の根が剥き出しになった段差のあるものに変わっていく。眺望は遮られるが、代わりにブナやナラの美しい広葉樹の森になって疲れを癒してくれる。

ACCESS ◆ アクセス
【電車・バスで】行き：箱根登山鉄道箱根湯本駅→箱根登山バス14分・550円→宮城野橋
帰り：箱根登山鉄道塔ノ沢駅。
【車で】東名高速道路厚木ICから小田原厚木道路・国道1号経由で約42km。宮城野周辺には駐車場がないので、箱根湯本駅からバスを利用するのが一般的。駅付近に有料駐車場がある。土・日曜、祝日には町役場の駐車場も有料駐車場として開放。

HINT ◆ ヒント
箱根湯本駅へは新宿駅から小田急線特急ロマンスカーで1時間27分、2330円。尾根歩きがメインの初級者向けコースだが、一部急登や急下降する場所もあるので足固めはしっかりと。桜が咲く春、新緑、紅葉シーズンがベスト。

CONTACT ◆ 問合せ先
箱根町観光課☎0460-85-7410
箱根登山バス小田原営業所☎0465-35-1271

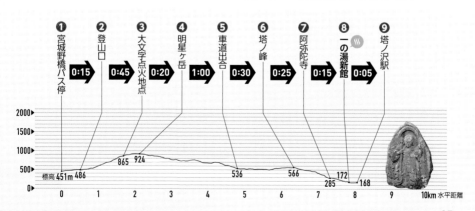

❶宮城野橋バス停 ❷登山口 ❸大文字点火地点 ❹明星ヶ岳 ❺車道出合 ❻塔ノ峰 ❼阿弥陀寺 ❽一の湯新館 ❾塔ノ沢駅

0:15 0:45 0:20 1:00 0:30 0:25 0:15 0:05

標高451m 486 865 924 536 566 172 285 168

10km 水平距離

←大文字点火地点
への登りはブナ林
が美しい
↑明神ヶ岳からの
道と合流する地点
から広い尾根道へ
→御嶽大神が祀ら
れた明星ヶ岳山頂。
眺望は効かない

ひと汗かいて登り、いきなりパッと視界が開けたところが❸大文字点火地点。伐採された斜面は遮るものが何もなく、正面に神山や駒ヶ岳、その山腹から噴煙を上げる大涌谷など箱根連山の大パノラマがすばらしい。足元をよく見ると「大」の文字も確認できる。明星ヶ岳山頂は眺望が効かないので、お弁当を開くなどしてゆっくり眺めを堪能しよう。

見る

箱根強羅夏まつり大文字焼

大正10年（1921）から続く箱根の夏の風物詩。有縁無縁の霊を慰める盂蘭盆会の送り火で、例年8月16日に開催されている。明星ヶ岳中腹に浮かび上がった「大」の字をバックに、約2000発の花火が打ち上げられる。⑱19時30分～20時10分。小雨決行（荒天時は大文字焼のみ翌日に延期）☎0460-82-2300（箱根強羅観光協会）

気持ちのいい防火帯の尾根道を歩き室町時代創建の古刹・阿弥陀寺へ

再び山の中へ入り、ハコネザサのトンネルから杉の植林地帯を抜けると、明神ヶ岳方面からの道が合流する尾根道に飛び出す。ここを右折し、広い草原の防火帯の道を少し歩くと左側に御嶽大神を祀る小祠と明星ヶ岳の説明板が立っているところが❹明星ヶ岳。尾根道の途中にあるため山頂は明瞭ではなく、展望も開けない。

明星ヶ岳からの下りは、前方に続く尾根道と、鷹巣山や浅間山の稜線が遠望できる快適な道だ。三笠山刀利天宮の小さい石像があるあたりから両側の樹木の背が高くなり、アップダウンの尾根道が延々と続く。山桜の古木が点在しているので、春の風景も楽しみだ。

尾根の先端部分を右折して、長い急坂を下

アジサイの名所として知られる阿弥陀寺

って行くと舗装された足柄幹線林道に飛び出す**⑤車道出合**。ここを左に900mほど歩き、カーブ地点で右に登る山道に入る。樹林の中を登り、左側に山の稜線や小田原市街が広がる好展望地を過ぎたところが**⑥塔ノ峰**。山頂指標と説明板、三角点があるだけで、視界はまったく開けない。塔ノ峰からは水之尾方面の道と別れて、阿弥陀寺方面へ右折。深い森の中の一本道を下り、やがて竹林の中の悪路を抜けると、まもなく**⑦阿弥陀寺**の本堂裏手にたどり着く。梅やツツジなどの花々に囲まれた山寺の風情を味わいながらひと息ついていこう。

　阿弥陀寺から坂道の参道を下ると車道と合流する。左は箱根湯本駅方面、右の塔ノ沢駅方面へ少し下ったところに**⑧一の湯新館**がある。**⑨塔ノ沢駅**までは徒歩5分弱だ。

（写真・文／五十嵐英之）

温泉

和泉（いずみ）

箱根七湯発祥の湯といわれる湯本熊野権現社殿直下の源泉を楽しめる日帰り入浴施設。吹き抜けの高い天井に円形の湯船がある「早雲の湯」、檜の露天風呂がある「権現の湯」の2種類の浴室があり、曜日で男女入替制。☎0460-85-5361　￥1250円　⏰11～21時（土・日曜・祝日は10時～、60分前受付終了）　休火曜（祝日の場合は営業）

明神ヶ岳

神奈川県

初級

標高
1169m
[明神ヶ岳]

標高差
登り：**517**m
下り：**707**m

総歩行距離
10.6km

歩行時間
4時間**10**分

難易度：体力
★★☆

難易度：技術
★★☆

明神ヶ岳山頂から宮城野への下りで広がる相模湾の絶景

↑素朴な造りの男性用内湯。外には半露天風呂も完備
←国道から1本入ったところにある。マス釣り施設も隣接している

立ち寄り温泉 宮城野温泉 ☎0460-82-1800

箱根町宮城野温泉会館

地元の人と触れ合える町営の穴場温泉

宮城野で初めて湧き出た温泉を利用した町営日帰り温泉施設。一見公民館のような建物だが、一歩中に入ると昔の銭湯を思わせるひなびた風情が漂っている。男女別の大浴場にはシンプルなタイル貼りの湯船があり、外に石造りの半露天風呂もある。源泉が高温なので加水しているが、アルカリ成分の強い泉質なので肌触りはとても滑らか。2階にある85畳の大広間の利用は追加料金が必要だが、飲食物の持ち込み可で、出前も頼める。

🕐10～21時（20時受付終了）　📅木曜（祝日の場合は翌日）
💴650円
[泉質・泉温] ナトリウム・カルシウム-塩化物・硫酸塩泉・83度
[風呂の種類] 内湯2（男1・女1）、露天2（男1・女1）
[その他の施設] 大広間（入浴料込み1050円）、売店　**P**
40台

欄外情報 宮城野温泉会館に隣接する国際マス釣り場は、手ぶらで釣りが楽しめる施設。釣り堀の入場料は貸竿とエサ付き500円。釣ったニジマスは1尾150円で焼いて食べられる。🕐8～17時　📅木曜休（8月は無休）

ポイント 箱根火山の最初の噴火と、それに続く中央部の陥没によって形成された古期外輪山の一部にあたるのが明神ヶ岳。外輪山では金時山に次ぐ標高があり、どっしりとした重厚感のある山容を見せている。コース最大のハイライトは明神ヶ岳山頂を中心に連なる稜線からの眺望。駒ヶ岳の中央火口丘とその山腹に噴気を上げる大涌谷、麓に広がる仙石原と芦ノ湖など、箱根の全容が見渡せる。

アドバイス 明神ヶ岳へは宮城野を起終点とする周遊ルート、大雄山最乗寺から明神ヶ岳、宮城野と歩く横断ルートも人気のあるコース。行き帰りのアクセスや所要時間を考慮してルートを選択できるのも魅力だ。このプランでは矢倉沢峠から明神ヶ岳へ続く稜線からの眺めがハイライトだが、稜線上は風が強く、足場の悪い場所もあるので服装や靴の装備には万全を期したい。

ハコネダケの切れ目から 箱根連山の秀峰を望む尾根道

箱根湯本駅からのバスが1時間に4〜6本も停まる**①仙石バス停**からスタート。ここから進行方向へ5分ほど歩くと「金時山ハイキングコース」の標識が出ている**②金時登山口**。ここからバス通りと分かれて、住宅地の中へ続く道へと入っていく。ゆるやかな舗装路を10分ほど歩くと、右手に登山道が分かれている。樹林の中の急坂に入ってひと登りすると明るい笹原に出て、やがて**③矢倉沢峠**に到着。「金時山40分　明神ヶ岳95分」という標識が出ている。ここから金時山方向へ進むと、茶店がぽつんと立っているが、ここはシーズン中の週末くらいしか開いていないので注意。コースは標識をそのまま直進

ACCESS ◆ アクセス
【電車・バスで】行き：箱根登山鉄道箱根湯本駅→箱根登山バス23分・760円→仙石
帰り：宮城野→箱根登山バス18分・550円→箱根湯本駅。
【車で】東名高速道路厚木ICから小田原厚木道路・国道1・138号経由で約48km。金時登山口から御殿場方面へ少し歩いた公時神社下に公共駐車場があるが、週末には早朝から満車になる場合が多い。

HINT ◆ ヒント
ファミリーでも歩ける初級者向けのコースだが、もっとも眺望が美しい12〜3月の登山には防寒具や軽アイゼンが必要だ。ルート上にはトイレも茶店もないので準備は万端に。金時登山口にコンビニがある。

CONTACT ◆ 問合せ先
箱根町観光課☎0460-85-7410
箱根町総合観光案内所☎0460-85-5700
箱根登山バス小田原営業所☎0465-35-1271

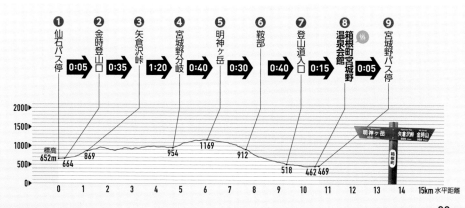

❶仙石バス停 0:05 ❷金時登山口 0:35 ❸矢倉沢峠 1:20 ❹宮城野分岐 0:40 ❺明神ヶ岳 0:30 ❻鞍部 0:40 ❼登山道入口 0:15 ❽箱根町宮城野温泉会館 0:05 ❾宮城野バス停

標高652m　664　869　954　1169　912　518　462 469

↑南足柄側の山腹を巻く爽やかな広葉樹林帯
→明神ヶ岳を正面に望む快適な稜線歩きを楽しもう
←開放感いっぱいの明神ヶ岳山頂。箱根の全景が一望

し、明神ヶ岳方向へ向かう。

　峠からは、背よりも高いハコネダケが生い茂る道を進む。高度が上がるとともに視界が開け、振り返ると金時山が見事な山容を見せている。火打石岳の小ピークを越えると再び笹のトンネルに入るが、笹の切れ目からは正面に大涌谷や神山、駒ヶ岳方面の眺望が楽しめる。この先でルートは尾根の北側に回りこ

見る

箱根湿生花園

仙石原の湿生植物の保護を目的に設置された植物園。約3万㎡の敷地に日本の低地から高山にかけて生育する湿原植物、外国の山野草など約1500種類の植物が植えられている。4月の水芭蕉やカタクリ、5月のカキツバタ、6月のニッコウキスゲ、秋の紅葉と四季楽しめる。☎0460-84-7293　700円　⊕9〜17時　㊡12月1日〜3月19日

み、爽やかな広葉樹林帯の中に入っていく。アップダウンは少なく、晴れた日には木漏れ日が気持ちいい道だ。

箱根と相模湾の大パノラマが思いのままになる明神ヶ岳山頂

　広葉樹林の森を抜けると一気に眺望が開け、明神ヶ岳へ続く広い尾根道が見渡せる場所に出る。道の脇には草地もあるので、登頂前にひと息入れよう。ここからいったんゆるやかに下り、明神平経由で宮城野へ下っていく❹宮城野分岐の鞍部を過ぎると、いよいよ快適な稜線歩きが始まる。振り返れば金時山と富士山、南には大涌谷や芦ノ湖、そして仙石原の街とゴルフ場がまるでジオラマのように広がっている。また、山野草も多く、夏にはマツムシソウやコオニユリ、オミエナシなどが目を楽しませてくれる。

宮城野へ下る鞍部。直進すると明星ヶ岳から塔ノ峰へ至る

　眺望を楽しみながら歩を進めると、まもなく広い公園のような**❺明神ヶ岳**の山頂に着く。赤土の崩落斜面を見下ろす先端に立つと、箱根の全景が手に取るように眼下に広がる。山頂には腰を下ろせる草地やベンチがあるので、時間の許す限りゆっくりしたい。

　山頂から少し下ったところで大雄山最乗寺から登ってくる道が合流するが、ここも相模湾の海岸線が弧を描いて見える展望地。ここから明るい高原ルートを下り、さらに急斜面を下ると、宮城野方面と明星ヶ岳方面への分岐がある**❻鞍部**に出る。直進すると約50分で明星ヶ岳へ行けるが、ここは右折して宮城野方面へ。樹林の中の悪路を慎重に下り、**❼登山道入口**で車道に飛び出したら左折。国道まで下り、**❽箱根町宮城野温泉会館**でひと風呂浴びよう。温泉会館から**❾宮城野バス停**はすぐそこ。（写真・文／五十嵐英之）

食べる

田むら銀かつ亭

強羅駅の近くにあり、強羅ホテルで修業した初代が昭和48年（1973）に開いた和食店。ヘルシーな豆腐に挽肉を挟んで衣で揚げた、豆腐かつ煮定食（写真）1380円が名物になっている。ロースかつ御膳は2510円〜。アジフライや馬刺しなど酒肴も豊富。生ビールは中ジョッキ670円。☎0460-82-1440　⏰11時〜14時30分・17時30分〜19時30分　㊡水曜（火曜は昼のみ営業）

神奈川県	
初級	

標高

1212m
［金時山］

標高差

登り：**480**m
下り：**568**m

総歩行距離

6.4km

歩行時間

3時間**32**分

難易度：体力

★★☆

難易度：技術

★★☆

金時山
きんときやま

富士山専用の展望台といっても過言ではない金時山山頂の絶景

↑身を浸けると湯の花が舞い上がってなお白濁する名湯
←アットホームな雰囲気に惹かれて訪れる常連客が多い

立ち寄り温泉　仙石原温泉
せんごくばら
☎0460-84-8057

旅館 万寿屋
りょかん ますや

白濁の湯をゆっくり楽しむ

バス通りから一本路地を入ったところに建つ閑静な宿。創業約50年を数えるアットホームな純和風旅館で、静かな環境でゆっくり湯治したい人や、日本情緒を満喫したい外国人観光客に人気が高い。小さいながらも清潔感漂う浴室には、大涌谷から引いた硫黄臭のある白濁の湯があふれ、温泉情緒たっぷり。湯冷めしにくく、貧血や外傷、リウマチなどに大変効果があるといわれている。

🕙10時30分〜16時（30分前受付終了）
🅿休水曜　料800円
【泉質・泉温】酸性−カルシウム・マグネシウム−硫酸塩・塩化物泉・60.6度
【風呂の種類】内湯2（男1・女1）
【その他の施設】客室8室（1泊朝食付き5650円）　Ｐ3台

欄外情報　行楽シーズンの高速バスは東名高速の渋滞に巻き込まれる可能性が高い。行きは早い時間の高速バス、帰りは路線バスで箱根湯本駅に出るという選択肢も考慮しておきたい。

ポイント 金時山への登山口は御殿場側から乙女口、公時神社、矢倉沢口の3カ所ある。ここでは乙女口から金時山山頂を目指し、山頂から矢倉沢峠を経由して仙石原へ下るプランにした。山頂からの大展望はもちろん、杉の美林や眺望がすばらしい尾根道、険しいクサリ場など変化に富んだ山歩きが満喫できるパノラマコースである。

アドバイス 乙女口を通る路線バスは朝の本数が特に少ないので、スタートはバスが多く停車する仙石バス停で下車。そこから金時登山口まで徒歩5分ほどなので、逆コースをとり、乙女口バス停から仙石原まではバス（1時間に1～2本）を利用するプランも一考だ。乙女口から「旅館 万寿屋」まで歩く場合は、1時間弱みておきたい。

急坂の山道を登って乙女峠へ
ご褒美は金時山山頂からの大絶景

新宿と御殿場を結ぶ小田急箱根高速バスが停まる❶乙女口バス停をスタート。道路の反対側に立つお地蔵さんが登山口の目印だ。このすぐ先から丸太を階段上に組んだ登山道が樹林の中にのびている。明るい杉の植林地帯を抜けると本格的な山道の始まりだ。大小の岩がゴロゴロした急坂をジグザグに登ってい

く。高度が上がるにつれて箱根の山並みが開けてくるので、眺望を楽しみながらゆっくり登ろう。やがて木々に囲まれた❷乙女峠に飛び出す。廃業した茶店の建物が寂しく立つ峠は背の高い木々に囲まれているが、小さな展望台からは正面に富士山、長尾山側のベンチからは芦ノ湖方面の眺望が広がっている。

乙女峠から北東に進路をとり、アップダウンを繰り返す木段道を歩くと、まもなく広場

【ACCESS ♦ アクセス】
【電車・バスで】行き：JR新宿駅西口→小田急箱根高速バス（約2時間・1940円）→乙女口　帰り：箱根仙石案内所→小田急箱根高速バス（約2時間25分・1940円）→新宿駅西口（往復割引乗車券は3350円）。
【車で】東名高速道路御殿場ICから国道138号経由で約11km。金時神社入口バス停周辺に有料駐車場があるほか、登山口のトイレ前に10台程度駐車可能。ただし週末は8時前には満車になる場合が多い。

【HINT ♦ ヒント】
箱根湯本駅から乙女峠を経由してJR御殿場駅を結ぶバスもあるが本数が少ない。都心から行く場合は、新宿から30分毎に発車している小田急箱根高速バスが便利。乗り換えなしで登山口までアクセスできる。

【CONTACT ♦ 問合せ先】
箱根町観光課☎0460-85-7410
箱根町総合観光案内所☎0460-85-5700
小田急箱根高速バス電話予約センター☎03-3427-3160

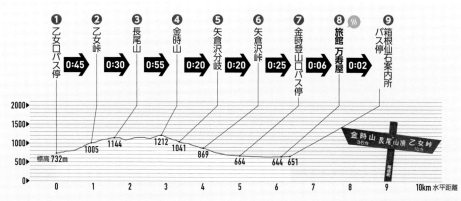

❶乙女口バス停 → 0:45 → ❷乙女峠 → 0:30 → ❸長尾山 → 0:55 → ❹金時山 → 0:20 → ❺矢倉沢分岐 → 0:20 → ❻矢倉沢峠 → 0:25 → ❼金時登山口バス停 → 0:06 → ❽旅館 万寿屋 → 0:02 → ❾箱根仙石案内所バス停

2000 / 1500 / 1000 / 500 / 0 標高732m　1005　1144　1212　1041　869　664　644　651

金時山 長尾山 山頂 乙女峠 35分 10分

0　1　2　3　4　5　6　7　8　9　10km 水平距離

↑富士山を望む位置に小さな展望台がある乙女峠
→金時山山頂に至る尾根道も眺望が楽しみ
←箱根の全容がジオラマのように見える金時山山頂

になった標高1144mの❸長尾山の山頂だ。ここから先、金時山山頂までは一部にクサリ場もある急登の山道が続くので、休息を取っていきたい。林間の尾根道に入り、木々の間から左に御殿場市街、右に箱根連山を見ながら金時山を目指す。フラットな道からクサリ場を下り、再び急坂を登ると、やがて右側に大展望が広がる尾根に出る。仙石原の街並み

や芦ノ湖畔に広がるゴルフ場、周囲の山並みが一望でき、ホッとひと息つけるところだ。ここから急坂をひと登りすると、ようやく❹金時山山頂に到着する。大岩がゴツゴツ連なる金時山の山頂は、まるで富士山専用の展望台のような大絶景が広がっている。通年営業の2軒の茶店と有料トイレ、ベンチもあるので大パノラマを心ゆくまで楽しみたい。

箱根連山や明神ヶ岳の稜線の眺めを楽しみながら仙石原へ下る

金時山山頂からは足柄方面へ下る道もあるので間違えないように注意。金太郎茶屋の前を通って仙石原方面へ下るのがルートだ。しばらくは樹林帯の急坂を下る。人気のある山だけに反対側から登ってくる人も多く、ロープを使って降りる岩場や狭い場所では渋滞することもしばしばだ。時間には余裕を持って

食べる

金時茶屋

金時山の山頂で半世紀以上にわたって営業している茶店。1年を通して早朝から開いているとあって、登山者の心の拠り所だ。名物の金時娘おばあちゃんに会いに行く登山客も多い。メニューはそば、うどんからコーヒーまで多彩。丼で出されるきのこ味噌汁（写真）は400円。煮込おでん500円。☎090-3158-1239 ⏰7時〜16時30分 ㊡荒天時

公時神社と仙石原・明神ヶ岳への道が分かれる矢倉沢分岐

神山や駒ヶ岳の眺望がすばらしい矢倉沢峠への下り

行動したい。

公時神社への道が分かれる**❺矢倉沢分岐**を直進すると、まもなく芦ノ湖や大涌谷、神山や駒ヶ岳など箱根の主峰が一望できる岩場の斜面にさしかかる。左側には明神ヶ岳への稜線がのび、草原状の尾根筋にのびる１本道の登山道がくっきりと見える絶景ポイントだ。ここで休憩するハイカーも多い。道はガレ場状から両側に笹が茂るようになり、急勾配の赤土の道を慎重に下ると、やがて茶店が立つ**❻矢倉沢峠**。振り返ると尾根の上にコブのような山容の金時山が姿を見せている。

茶店の前を過ぎると明神ヶ岳へ向かう縦走路に突き当たるので、ここを仙石原方面へ右折。樹林の中の急坂をひたすら下り、下りきったところで別荘地に向かう舗装路に出たらそのまま直進。やがて住宅街に入り、10分ほどで国道138号の**❼金時登山口バス停**の横に飛び出す。ここから6分ほど歩き、仙石原交差点の南側にある**❽旅館 万寿屋**へ。白濁した温泉をゆっくり楽しんでから、すぐ近くの**❾箱根仙石案内所バス停**でゴールだ。

（写真・文／五十嵐英之）

食べる　温泉

かま家

生米から炊き上げる具だくさんの釜飯が人気の店。カニやエビ、鶏など５種類あり、小鉢や味噌汁付きで各1580円。日帰り温泉もやっていて、釜飯が炊けるまでの約40分間、白濁した湯にのんびり浸かって待つのがこの店ならではの楽しみだ。入浴のみの場合は750円。☎0460-84-5638　⌚9〜20時（土・日曜、祝日は〜21時）休第３水・木曜

神奈川県
南足柄市

静岡県
御殿場市

箱根町

1:50,000
500　1000m
1cm＝500m
等高線は20mごと

神奈川県
入門

大楠山

標高

241 m
［大楠山］

標高差

登り: **226** m
下り: **182** m

総歩行距離

5.3 km

歩行時間

2 時間 40 分

難易度：体力

★ ☆ ☆

難易度：技術

★ ☆ ☆

大楠山山頂から横須賀方面を眺める。房総半島まで見渡す絶景

立ち寄り温泉 佐野天然温泉 ☎046-851-2617

佐野天然温泉 のぼり雲

肌がすべすべになると好評の"美人の湯"

三崎街道から横道を入ったところにある日帰り温泉施設で、入口に建つ堂々たる構えの長屋門が目印。地下800mから湧き出る温泉は炭酸水素イオンを414mg／kg含んでいるおり、そこに含まれるアルカリ水質が老廃物を取り除くため、「美肌の湯」と称される。男女ともに内湯と露天風呂のほか、男性側には低温＆高温サウナや歩行浴、女性側には岩盤浴（別途450円）を完備。食事処では生ビールが付く湯上がりセットが1000円。

↑高い吹き抜け天井が開放的な男性用の内湯。湯の花漂う温泉を満喫
←この地は三浦義明を先祖にする永島家の屋敷跡。江戸末期建築の長屋門が歴史を伝える

🕘9～24時（23時最終受付）　🈺不定休
💰1000円（土・日曜、祝日は1100円）
【泉質・泉温】ナトリウム－塩化物泉・32.5度
【風呂の種類】内湯2（男1・女1）、露天風呂3（男2・女1）
【その他の施設】食事処（11～22時）、カットサロン、アカスリ、マッサージ室　🅿60台

欄外情報 5月下旬～6月下旬なら14万株のハナショウブが咲き誇る横須賀しょうぶ園へ立ち寄ろう。　☎046-853-3688　🕘9～19時（9～4月は～17時）　🈺月曜（4～6月は無休）　💰320円（7～3月は無料）

ポイント 横須賀市と葉山町の境にある三浦半島最高峰が大楠山。とはいえ標高241mの低山なので、入門・初心者や家族連れの気軽なハイキングコースとして親しまれている。大楠山への登山口は大楠芦口、前田橋、塚山・阿部倉、衣笠の4カ所あるが、ここではもっともポピュラーな前田橋側から登り、阿部倉へ下るプランにした。

アドバイス ルート上は標識も登山道も明瞭なので、迷うことなく歩ける。ここで紹介するプランとは逆ルートで登る人も多いが、阿部倉から山頂まで200段以上の急階段を登らなければならないので、こちらはやや健脚向きといえる。歴史好きなら、山頂直下の衣笠城址分岐を南へ進むと三浦一族の本拠地だった衣笠城址へ行くことができる。

爽やかな川沿いの遊歩道から木漏れ日の道を大展望の山頂へ

JR逗子駅から長井方面行きのバスに乗り**❶前田橋バス停**で下車。すぐ横の道を左折して少し歩くと**❷お国橋**がある。「前田川遊歩道」の標識に従って川辺に降り、前田川に沿って続く遊歩道を上流へ向かう。川のせせらぎや小滝が気持ちいい遊歩道だが、増水時は危険なので、お国橋から車道を歩いて登山道へ合流するルートをとりたい。

まもなく大楠山へ続く**❸前田橋側登山口**が左岸に現れる。いったんお国橋から来た車道と合流し、前田橋を渡ったところからハイキングコースが始まる。林間のゆるやかな木段で、石がむき出しになったところもあるが、危険な場所はない。ところどころにベンチが置かれているので、休みながらゆっくり登ろう。

ひと登りすると軽いアップダウンの道にな

ACCESS ◆ アクセス

【電車・バスで】行き：JR横須賀線逗子駅→京浜急行バス（23分・380円）→前田橋 帰り：大楠山登山口→京浜急行バス17分・200円→衣笠駅。衣笠駅→佐野四丁目は京浜急行バス6分・180円。
【車で】横浜横須賀道路逗子ICから県道24号経由で逗子駅まで約3.2km。登山口・下山口とも周辺に駐車場がないので、逗子駅周辺の有料駐車場に停めてバスを利用するのが一般的。

HINT ◆ ヒント

往路で利用する京急バスは、JR逗子駅から徒歩3分の京浜急行逗子・葉山駅前にも停車する。登山口に店はないので飲料水や食料はバス乗車前に調達を。

CONTACT ◆ 問合せ先

スカナビi(横須賀観光インフォメーション)
☎046-822-8301
京浜急行バス逗子営業所☎046-873-5511

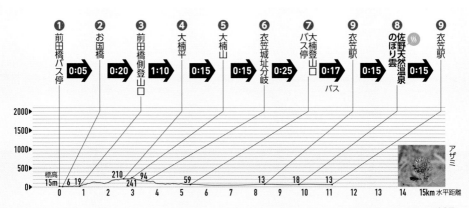

❶前田橋バス停 0:05 ❷お国橋 0:20 ❸前田橋側登山口 1:10 ❹大楠平 0:15 ❺大楠山 0:15 ❻衣笠城址分岐 0:25 ❼大楠登山口バス停 0:17 バス ❾衣笠駅 0:15 ❽佐野天然温泉のぼり雲 0:15 ❾衣笠駅

2000▶ 1500▶ 1000▶ 500▶

標高15m 6 19 210 94 241 59 13 18 13

アザミ

0 1 2 3 4 5 6 7 8 9 10 11 12 13 14 15km 水平距離

せせらぎが爽やかな前田川遊歩道

ので、眺望を楽しみながら大休止しよう。

　山頂からは昼なお暗い樹林の中を急下降。シダに囲まれた230段の急階段を下り、ゴルフ場の横を過ぎると**⑥衣笠城址分岐**（きぬがさじょうししぶんき）に出る。ここを左折し、なおも木段の急坂を下っていくと沢沿いの道から車道に飛び出す。有料道路をくぐり、**⑦大楠登山口バス停**（おおぐすとざんぐち）へ。バスでゴールとなる**⑨衣笠駅**（きぬがさえき）まで行き、そこから**⑧佐野天然温泉のぼり雲**（さのてんねんおんせん くも）までバスなら6分（佐野四丁目下車徒歩1分）、徒歩でも15分ほどで行ける。　（写真・文／五十嵐英之）

り、まもなく鉄筋コンクリートの展望台と雨量観測所がある**④大楠平**（おおぐすだいら）。展望台からは相模湾や三浦海岸が一望だ。東にはこれから登る大楠山の山頂も見える。フラットな尾根道から急坂を登りつめると、開放的な広場になった**⑤大楠山**（おおぐすやま）の山頂だ。螺旋階段で上がる展望塔からは富士山や相模湾、横浜ランドマークタワー、伊豆半島、丹沢山塊まで360度の大パノラマが堪能できる。売店やベンチもある

お弁当を広げるのに最適な大楠山山頂の広場

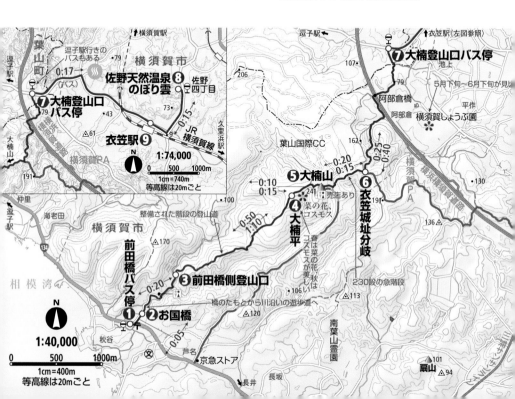

城山（土肥城趾）

<small>しろ やま ど い じょう し</small>

神奈川県	
初級	
標高	
587m [椿台]	
標高差	
登り：**556**m 下り：**548**m	
総歩行距離	
12.1km	
歩行時間	
6時間**10**分	
難易度：体力 ★★☆	
難易度：技術 ★☆☆	

城山（土肥城趾）からの展望。相模湾に浮かぶ初島や伊豆半島を一望

立ち寄り温泉 湯河原温泉 <small>ゆ が わら</small> ☎0465-20-7538

みやかみの湯

<small>ゆ</small>

湯河原駅から徒歩圏の日帰り温泉施設

宮上交差点の南側、千歳川に面して2019年1月にオープンしたお洒落な施設。1階は男女別の内湯（ラムネ湯と水風呂）＋露天風呂（小学生以下は利用不可）。2階に立派な貸切風呂2つ（小学生以下の利用可）、お休み処などを備え、「みやかみの宿」も兼営している。

↑源泉かけ流しの「みやかみの湯」の露天風呂（写真は女湯）
→黒を基調にした外観が美術館のような「みやかみの湯」

🕐7〜23時（22時受付終了）　休無休　料880円
【泉質・泉温】ナトリウム・カルシウム−塩化物・硫酸塩泉・61.7度
【風呂の種類】内湯2（男1・女1）、露天2（男1・女1）、貸切風呂（内湯2、1名800円＋ルームチャージ1500円と2000円、予約制）
【その他の施設】ハーブテント（平日2530円〜）、泥パックスチームサウナ（平日3080円〜）、お休み処、客室10室（素泊まり5940円〜）など　P30台

欄外情報 湯河原駅→29分・680円→しとどのいわや（椿台）と走るバスは箱根登山バスが9時台と10時台の1日2便、伊豆箱根バスが9時台の1日1便（両社とも2020年5月現在運休中）。事前に要確認。

ポイント 展望抜群の城山と頼朝関連の史跡、そして湯河原を代表する古刹と古社もめぐるハイキングと、デビューして1年余の新感覚の日帰り温泉施設を組み合わせたコース。駅が起終点のプランにできるのも魅力だ。

アドバイス 城山のすぐ下まで舗装の林道歩きがちょっと単調なだけに、ハイキング道入口から城山を経て椿台に至る尾根歩きはなかなか楽しい。宮下林道が通行可能になれば、五所神社近くに下山できるので効率的だ。

相模湾や伊豆半島を望む城山から頼朝挙兵の歴史を物語る旧跡へ

❶湯河原駅の改札を出て左へ、線路に近い道を歩き、城願寺ガードでJR東海道本線をくぐって坂道へ。10分ほどで、樹齢800年のビャクシンや土肥一族の墓所がある❷城願寺の参道入口に出るので、まずはここに参詣して行こう。本堂前を右へ、さきほどの住宅地を貫く坂道に出て、ひたすら上を目指す。浅間神社参道口を過ぎると、やがて人家も途絶える。つづら折りの道を進み、かぶと石の看板で山道に入るのがショートカット。

その上で❸ハイキング道入口から山道に入る。桜とアジサイが植樹された斜面を抜けると、林道を横切る形でハイキング道が城山方面へ続く。途中、左手に草地の園地が見えるところがピクニックグラウンド。その下にはバイオトイレが設置されている。下山に宮下林道を通行する場合はここを下ることになる。この分岐から10分ほどで❹城山（土肥城趾）に到達。振り返ると、相模湾に浮かぶ初島から伊豆半島がくっきりと見える。

城山からいったん下り、尾根道をゆるやかに登って行く。一番の高みから少し下るとベ

ACCESS ◆ アクセス
【電車・バスで】行き・帰り：JR東海道本線湯河原駅。　※「みやかみの湯」からの戻りは、徒歩2分の小学校前→箱根登山バス3分・180円→湯河原駅。歩いても20分弱だ。
【車で】東名高速道路厚木ICから小田原厚木道路→西湘バイパス石橋IC→国道135号経由で約45kmの湯河原駅周辺の有料駐車場を利用。県道75号の椿台まで走り、城山を往復するコースが一般的だろう。

HINT ◆ ヒント
帰りのルートは五所神社近くに下山する宮下林道経由のほうが変化がつくが、この道は伐採工事のため2020年いっぱいは通行禁止になっている。宮下林道は車も通れるほぼ1車線幅の舗装路だ。

CONTACT ◆ 問合せ先
湯河原町駅前観光案内所☎0465-63-4181
箱根登山バス湯河原営業所☎0465-62-2555
湯河原タクシー☎0465-62-3345

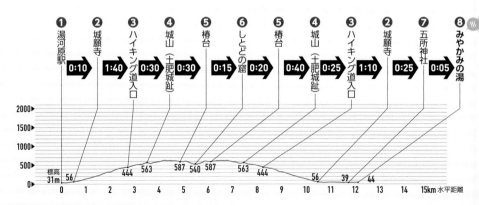

ハイキング道と車道の交差点。城山へは草地方向へ直進

真鶴半島と相模湾が一望のピクニックグラウンド

ンチがある小広場で、ここから林道タイプの舗装と石敷きの道になる。やがて、バイクの轟音が近づくと❺椿台（つばきだい）。ここから❻しとどの窟（いわや）までは行き15分、戻り20分だ。

宮下林道が2020年末まで通行禁止なの

で、このプランでは❷城願寺の下まで戻り、そこから線路沿いに歩く。バス通りに合流し、樹齢800年以上の楠がある❼五所神社（ごしょじんじゃ）に参拝。さらに湯河原小の前を行くと約5分で❽みやかみの湯に着く。(文・写真／飯出敏夫)

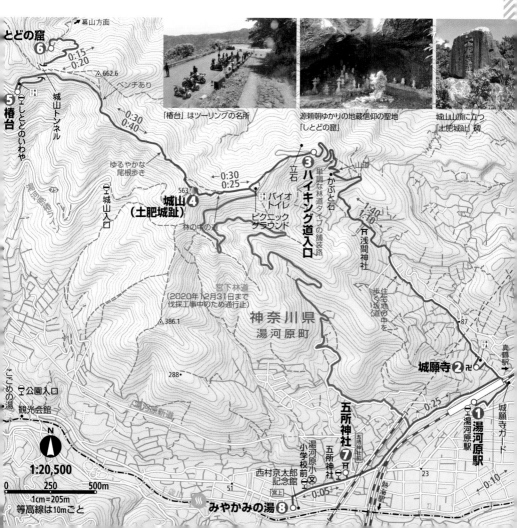

とどの窟 ❻

0:15 / 0:20

△662.6

ベンチあり

幕山方面

城山トンネル

0:30 / 0:40

❺椿台

しとどのいわや

城山入口

真鶴新道 75

ゆるやかな尾根歩き

563 城山 ❹
（土肥城趾）

「椿台」はツーリングの名所

立石

0:30 / 0:25

バイオトイレ

ピクニックグラウンド

林の中の道

かぶと石

源頼朝ゆかりの地蔵信仰の聖地「しとどの窟」

城山山頂に立つ「土肥城趾」碑

山道

1:40

浅間神社

住宅地の中を歩く坂道

宮下林道
（2020年12月31日まで伐採工事中のため通行止）

△386.1

288・

神奈川県
湯河原町

城願寺 ❷

真鶴駅→

87

こごめの湯

公園入口

観光会館

N

1:20,500

0 250 500m

1cm＝205m
等高線は10mごと

西村京太郎記念館

湯河原小

五所神社 ❼

五所神社

0:25

湯河原駅 ❶
湯河原駅
城願寺ガード
湯河原駅

城願寺ガード

0:10

0:05

みやかみの湯 ❽

23

51

神奈川県	
初級	
標高	626m [幕山]
標高差	登り: 450m 下り: 554m
総歩行距離	8.4km
歩行時間	3時間30分
難易度：体力	★☆☆
難易度：技術	★☆☆

幕山から南郷山

早春の柔らかい陽射しが注ぐ幕山山頂。正面に見えるのは真鶴半島

立ち寄り温泉 新湯河原温泉 ☎0465-62-2688

ゆとろ嵯峨沢の湯

風情豊かな和風の庭園露天風呂

眼下に相模湾や湯河原の街を見下ろす高台にある日帰り温泉施設。お風呂は、総檜造りの内湯、岩風呂と洞窟の湯などの「こちょうの湯」、黒御影石を使った内湯、岩風呂、気泡の湯、大滝の湯などの「ささはなの湯」があり、日替わりで男女交替制。館内には有料と無料の休憩室のほか、別棟にあって廊下で結ばれた「海鮮レストラン岩沙参」がある。

↑露天に岩風呂、気泡の湯、大滝の湯などがある「ささはなの湯」
←「海鮮レストラン岩沙参」の人気メニュー、金目鯛煮付定食2100円。

🕐10〜20時（土・日曜、祝日は10〜21時） 🈺木曜 💴1380円
[泉質・泉温] アルカリ性単純温泉・45度
[風呂の種類] 内湯2（男女交替制）、露天2（男女交替制）、貸切内湯2（有料）
[その他の施設] 海鮮レストラン岩沙参（11時30分〜15時LO・17〜20時LO、土・日曜、祝日は11時30分〜20時30分LO）、休憩室、飲泉コーナーなど 🅿70台

欄外情報 幕山の山腹に広がる湯河原梅林「梅の宴」は例年2月初旬〜3月初旬に開催され、約4000本の紅梅・白梅が咲き誇る。期間中は入園料200円、駐車場500円。湯河原駅前から臨時直行バスも頻発する。

ポイント 中腹に湯河原梅林が広がる幕山は標高626mながら、山頂からは相模湾と真鶴半島、伊豆半島が一望になる。ここだけの半日ハイキングでも十分楽しめるが、南郷山と結べば初級者向けの手頃な1日コースになる。

アドバイス ベストシーズンは湯河原梅林が見頃の2月初旬〜3月上旬。尾根の桜が咲く頃や秋も適期だが、夏場の炎天下は避けたほうが無難。また、南郷山登山口までの急坂は雨後には滑りやすいので転倒に要注意だ。

湯河原梅林を抜けて幕山へ登り 静かな林間の道を歩いて南郷山へ

起点の❶**幕山公園バス停**で降り、前方の橋を渡った先にある幕山公園管理棟の上部に❷**幕山登山口**がある。ここからは「→幕山」の標識に従って、斜め右に梅林の中の斜面を登って行く。梅林を抜け出すと、あとはつづら折りの雑木林の斜面をひたすら頂上を目指す。たどり着いた❸**幕山**は草原状の快適な広場。振り返ると相模湾の青い海原が輝いている。

幕山からのしばらくの下りは桜並木、次いでヒノキの林を抜け出すと舗装の林道に飛び出す。すぐに❹**自鑑水入口**。源頼朝の命運を分けたと伝える自鑑水を経て南郷山に行く山道もあるが、標識が不備なので、林道経由で❺**南郷山**に向かうルートをおすすめした

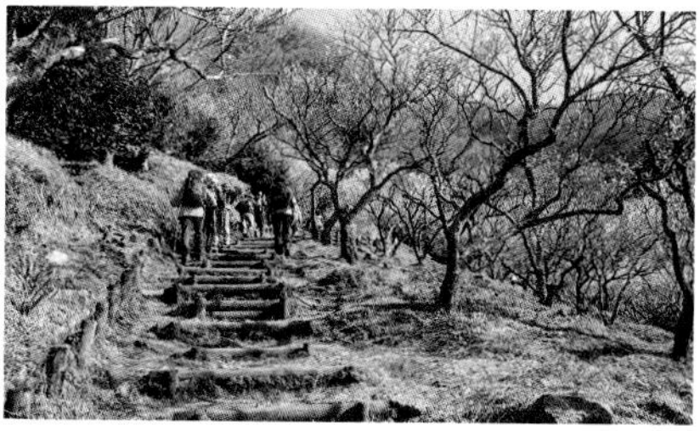

花期は多くの観梅客で賑わう湯河原梅林の中を行く幕山登山道

ACCESS ◆ アクセス

【電車・バスで】 行き：JR東海道本線湯河原駅→箱根登山バス18分・260円→幕山公園
帰り：ゆうゆうの里前→湯河原町営コミュニティバス15分・210円→湯河原駅。

【車で】 東名高速道路厚木ICから小田原厚木道路→西湘バイパス石橋IC→国道135号→県道経由で約50km。幕山公園に広大な無料駐車場（湯河原梅林「梅の宴」期間中は有料500円）がある。

HINT ◆ ヒント

湯河原駅前から幕山公園へのバスは、午前中は9時台と10時台に各1本しかないので、そのどちらかに乗りたい（次は12時台になる）。

CONTACT ◆ 問合せ先

湯河原町観光課☎0465-63-2111
湯河原町駅前観光案内所☎0465-63-4181
箱根登山バス湯河原営業所☎0465-62-2776
湯河原タクシー☎0465-63-4111

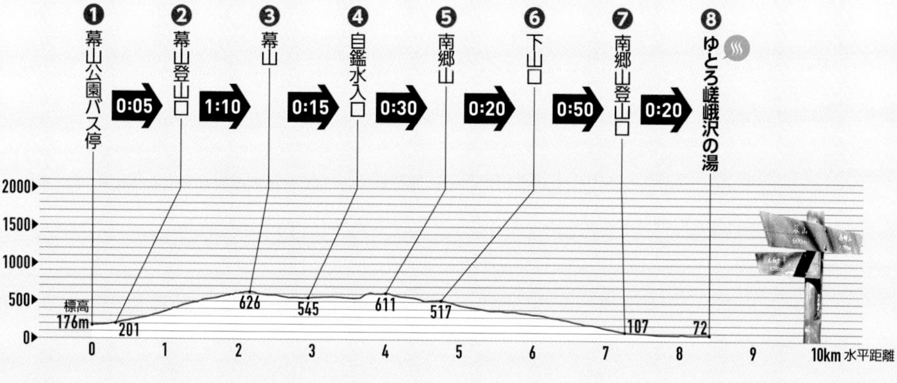
❶ 幕山公園バス停
0:05
❷ 幕山登山口
1:10
❸ 幕山
0:15
❹ 自鑑水入口
0:30
❺ 南郷山
0:20
❻ 下山口
0:50
❼ 南郷山登山口
0:20
❽ ゆとろ嵯峨沢の湯
2000
1500
1000
500
0
標高 176m
201
626
545
611
517
107
72
0 1 2 3 4 5 6 7 8 9 10km 水平距離

南郷山の下りからは真鶴半島と湯河原の街、相模湾が一望に

い。南郷山も草原状のピークで、林道に下る地点で真鶴半島や湯河原の市街地を一望できる好展望地がある。林道に下りて右に歩くと、まもなく**❻下山口**。ゴルフ場の脇を下り、ミカン畑の中の舗装路をどんどん下ると**❼南郷山登山口**。ここを左折して道なりに歩き、嵯峨沢バス停のところで斜め右前方にクロスする細い道を行くと**❽ゆとろ嵯峨沢の湯**の前に出る。ゆうゆうの里前バス停から湯河原駅に行くコミュニティバスは1時間に1本ある。　　　　（文・写真／飯出敏夫）

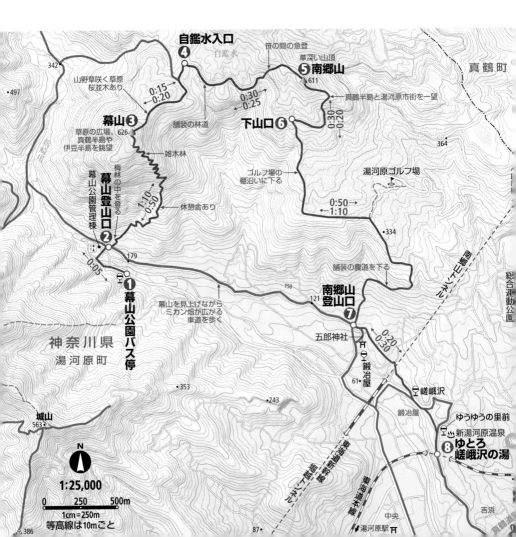

筑波山
<ruby>筑<rt>つく</rt></ruby><ruby>波<rt>ば</rt></ruby><ruby>山<rt>さん</rt></ruby>

茨城県	
初級	
標高	
877 m [女体山]	
標高差	
登り: **351** m	
下り: **659** m	
総歩行距離	
6.9 km	
歩行時間	
3 時間 **15** 分	
難易度：体力	★★☆
難易度：技術	★★☆

女体山の頂上は岩場。見た目よりも広く安心して眺望を楽しめる

立ち寄り温泉 <ruby>筑波山温泉<rt>つくばさん おんせん</rt></ruby>　☎029-866-2983

<ruby>筑<rt>つく</rt></ruby><ruby>波<rt>ば</rt></ruby><ruby>山<rt>さん</rt></ruby><ruby>温<rt>おん</rt></ruby><ruby>泉<rt>せん</rt></ruby> つくば<ruby>湯<rt>ゆ</rt></ruby>

筑波山を望む露天で登山の余韻を

筑波山神社入口バス停からつつじヶ丘方面へ10分歩いた車道沿いに立つ。19時まで営業しているので使い勝手がよい。風呂は大浴場、露天風呂、サウナが男女各1つ。露天風呂付き貸切風呂もある。温泉は無色透明で滑らかな肌ざわり。食事処では筑波地鶏のつくねや茨城県産ローズポークなどを載せたつくばうどん980円、1釜ずつ炊く釜飯1100円〜などが味わえる。

↑女体山を望む露天風呂。泉温は約40度に加温され長湯に丁度よい

→黄色の壁と緑の屋根が目印。通りを挟んで「彩香の宿一望」が立つ

🕐11〜19時（18時30分受付終了）　💤無休
💴1100円（土・日曜、祝日は1300円）
【泉質・泉温】 アルカリ性単純温泉・25.7度
【風呂の種類】 内湯2（男1・女1）、露天2（男1・女1）、貸切風呂1（45分2000円）
【その他の施設】 食事処（11〜17時）、休憩室、売店
🅿60台

欄外情報 筑波山神社入口のホテルや旅館でも立ち寄り湯を受け付ける。入浴時間は昼頃から15時までが多い。こちらを利用する場合は、スタート時間を早めに設定するとよいだろう。

ポイント 日本百名山の1つ。男体山と女体山からなる双耳峰で、朝は藍、昼は緑、夕方は紫と1日7度山肌の色が変化するという。麓の筑波山神社は拝殿。男体山に伊弉諾尊、女体山に伊弉冉尊を祀る本殿が立つ。

アドバイス 女体山は小学生が遠足で登れる難度。男体山からの下山道は急斜面や木の根道など足元が悪い。ファミリー登山や脚力に自信がない人は、女体山を登り、ケーブルカーで下山するのも賢いプランだ。

奇岩が続く雑木林を登り、古杉の森を静々と下る

筑波山ロープウェイの山麓側に設置された**❶つつじヶ丘バス停**から巨大なガマ明神が鎮座するガマランドを右に見て登山道を登る。青天井の登山道が続き、標高650mの東屋を過ぎると樹林の中に入る。大きなアカガシの枝をくぐり、少し下って登り返すと**❷弁慶茶屋跡**。この先、弁慶七戻り、高天原、母の胎内くぐり、北斗岩など奇岩が続く。弁慶七戻りは岩間に挟まった巨岩の下をくぐるもので、剛胆な弁慶でも二の足を踏んだとか。

短いクサリ場を越え、大仏岩を過ぎると簡単な岩場が待つ。慎重に登り、参拝路を反時計回りすると伊弉冉尊を祀る本殿に出る。その右奥にある岩場が**❸女体山**山頂だ。霞ヶ浦、加波山などの筑波連山、田園風景などを眼下にする360度の大パノラマがすばらしい。

本殿に戻り、男体山方面へ向かう。10分ほど歩くと、ガマ石に着く。茶店もあるセキレイ石を通過すると、**❹御幸ヶ原**は近い。砂地の広場に茶店や筑波山ケーブルカー筑波山頂駅が立っていて、ベンチやテーブルも多い。大休止に最適だ。

ACCESS ◆ アクセス

【電車・バスで】行き：つくばエクスプレスつくば駅→関東鉄道バス50分・900円→つつじヶ丘
帰り：筑波山神社入口→関東鉄道バス40分・740円→つくば駅。
【車で】常磐自動車道土浦北ICから国道125号・県道14・42号経由で約20km。筑波山神社付近に市営駐車場、つつじヶ丘に県営駐車場があり、両間は路線バスが利用できるので便利だ。

HINT ◆ ヒント

つくばエクスプレス、路線バス、ケーブルカー、ロープウェイの乗車券がセットになった筑波山きっぷ（2日間有効）があり、これには提携施設での割引もあってお得だ。

CONTACT ◆ 問合せ先

筑波山観光案内所☎029-866-1616
関東鉄道つくば北営業所☎029-866-0510
TXコールセンター☎0570-000-298

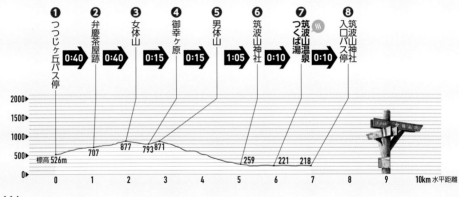

↑石を投げて運試しするガマ石
←男女川の源流。岩間から清水が湧く

❺**男体山**の登山道は公衆トイレの脇にあり、15分ほどで伊弉諾尊を祀る本殿（山頂）に着く。下山は公衆トイレまで戻り、右手の登山道へ。最初こそ歩きやすいが、次第に急傾斜になり足元も悪くなる。男女川の源流を経て❻**筑波山神社**に着いたら、参道を抜けて食事処いしはま脇の階段を下り、車道を左折。5分歩けば、❼**筑波山温泉 つくば湯**だ。❽**筑波山神社入口バス停**までは徒歩10分かかるので、時間を計算して温泉や食事を楽しもう。

（写真・文／内田　晃）

茨城県
入門

標高

404m
［月居山］

標高差

登り： **306m**
下り： **306m**

総歩行距離

8.1 km

歩行時間

2時間30分

難易度：体力

★☆☆

難易度：技術

★☆☆

月居山から袋田の滝

滝川橋から月居山を望む。双耳峰の山容が印象的だ

↑巨石を配した露天風呂は屋根がなく開放感満点で気持ちいい

←女将考案のアップルパイ。奥久慈りんごを使った手作り商品だ

立ち寄り温泉 袋田温泉 ☎0295-72-3011

滝味の宿 豊年万作

奥久慈の自然を借景にした露天が人気

袋田の滝まで徒歩5分の湯宿。敷地内の自家源泉から湧く温泉はpH9.4のアルカリ性単純温泉で、ヌルッとした肌触り。保湿効果も高く、湯上がりに肌がしっとりとする。檜造りの内湯から露天風呂に出られ、大きな空と緑豊かな山々を望みながら湯浴みができる。宿泊時の夕食は茨城の海、山、川の恵みを使った創作会席を和風ダイニングで提供。地元の米作り名人が育てた奥久慈米のご飯も楽しみだ。

🕙10〜16時 ⊗不定休
💰700円（土・日曜、祝日は1000円）
[泉質・泉温] アルカリ性単純温泉・34.9度
[風呂の種類] 内湯2（男1・女1）、露天2（男1・女1）
[その他の施設] 客室15室（1泊2食付き1万5950円〜）、休憩処、売店など 🅿25台

欄外情報 袋田の滝観瀑台は8〜18時（11〜4月は9〜17時）、無休。入館料300円。11・12月には「大子来人〜ダイゴライト〜」と題したライトアップを行い、開館時間が延長される。

久慈川を横目に坂道を上る
旧道に入ると登山気分が高まる

三角屋根の丸太小屋風駅舎が印象的な❶袋田駅を出発。駅前広場に袋田の滝（湯本）行きのバス停とタクシー乗り場があるが、そのまま進み、最初の車道を右に曲がる。踏切を渡ると上り坂になり、左側に久慈川が見える。国道118号に出たら、右に進み袋田の滝入口交差点のY字路を左へ。ゆるやかに下り、袋田小学校を過ぎたあたりから正面に月居山が見えてくる。滝川橋を渡り、400mほどで❷袋田温泉思い出浪漫館。袋田の滝方面の分岐を見送り、すぐ先を左に入る。道標の「町道」が目印だ。

しばらく歩くと「月居山登山道まで約1.0km」と書かれた木製の道標があるので、それに従って右に曲がる。車の通行が制限されているためか、舗装道ながら下草に覆われた箇所が所々あり、登山気分が高まっていく。左から七曲がり登山道が合流すると、

ACCESS ◆ アクセス

【電車・バスで】行き・帰り：JR水郡線袋田駅
※JR水郡線の袋田―常陸大子間は2021年夏頃に運転再開予定。その間、福島県側から水郡線を利用する場合は常陸大子駅からタクシーを利用する。
【車で】常磐自動車道那珂ICから国道118号経由で約57km。袋田の滝手前1kmほど、見返橋近くに町営無料駐車場がある。ここから七曲がり経由で月居山登山口に出ることもできる。

HINT ◆ ヒント

JR袋田駅から袋田の滝（滝本）への路線バスは1日4本（約7分・210円）。往路の始発は10時35分と登山にはやや不向きだが、帰路の最終は14時10分なので、温泉でサッパリした後に歩きたくない人は利用するのもいい。

CONTACT ◆ 問合せ先

大子町観光商工課☎0295-72-1138
大子町観光協会☎0295-72-0285

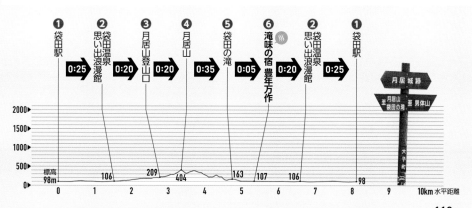

←月居山登山口。この先にトイレはないので注意しよう
↑月居峠の大イチョウ。幕末にはこの峠で水戸藩士同士が戦った

ほどなく❸月居山登山口（つきおれさん と ざんぐち）に着く。

エンジュ、コナラ、ヤマモミジなど、登山道沿いには落葉樹が多く、春は新緑、秋は紅葉が美しい。袋田の滝への近道に合流後、ひと登りするとイチョウの巨木が出迎える月居峠だ。小休止したら右の登山道に進む。本コースの難所となるロープを使っての急登を越えると❹月居山（つきおれさん）の山頂に立てる。

長い石段をゆるゆる下る 最後は日本三名瀑を堪能

月居峠まで降りて、月居観音堂（つきおれかんのんどう）の山門をくぐる。鐘楼堂と石仏群があり、一段高い場所に月居観音堂が見える。大同2年（807）の建立で、堂内には長さ6尺の聖観音像が安置されているが、普段は非公開になっている。

ここから月居山前山への長い石段を登っていく。落葉した冬期は振り返ると枝越しに月居山が見える。小休止に便利なベンチを過ぎると頂上はすぐ。この先は下りになり、途中の岩場や木々の間から生瀬富士や袋田地区の町並みが望める。

長い石段を下り続けると、水の流れる音が聞こえ、次第に大きくなる。ほどなく生瀬滝展望台への分岐に出るので寄り道してみよう。高さ約10m。幾つもの白糸を垂らしたような女性的な滝だ。分岐に戻り、鉄階段を

月居城の石碑が立つ山頂。樹林になっていて眺望はいまいち

月居山前山から袋田の滝に下りる尾根で生瀬富士を眺める

袋田の滝は高さ120m。四度の滝とも呼ばれ岩場を四段で落ちる

下りきると吊り橋に出る。対岸からは岩壁を水流がすべり落ちる**❺袋田の滝**が見える。

　観瀑料を支払い、2つの展望台から名瀑を堪能したら、トンネルを抜けて出口へ。滝川沿いには店頭で鮎の塩焼きや団子を炭火で焼く飲食店やみやげ店が並び、**❻滝味の宿 豊年万作**もある。ここから道なりに20分ほど歩くと**❷袋田温泉思い出浪漫館**に出る。あとは往路を戻り、**❶袋田駅**を目指そう。

（写真・文／内田　晃）

食べる

昔屋（むかしや）

そば粉10割につなぎ2割を加えた手打ちの外二そばを提供。茨城県内で最も早く商品化した元祖けんちんそば1100円（写真）は味噌仕立てで、大根、ニンジン、ゴボウ、サトイモなどの具材がゴロンと入り、食べ応えがある。奥久慈しゃもの地鶏そば1450円もおすすめ。☎0295-72-3201 🕘9時30分～16時 休金曜（11月は無休）

千葉県
入門

標高
329m
［鋸山］

標高差
登り：320m
下り：324m

総歩行距離
6.8km

歩行時間
3時間25分

難易度：体力
★☆☆

難易度：技術
★★☆

鋸山
（のこぎりやま）

鋸の刃を思わせるギザギザの山稜から「鋸山」と命名された。東京湾フェリー港の「ザ・フィッシュ」近くから鋸山を望む

↑薄い茶褐色の温泉は
ほんのり塩辛く、体の
芯からポカポカに
←建物は4階建て。下
山する途中にも黄色い
建物が見えてくる

立ち寄り温泉 鋸 山金谷温泉（のこぎりやまかなや） ☎0439-69-2411

かぢや旅館（りょかん）

江戸時代から続く老舗の温泉

創業160余年の温泉宿。前身は刀鍛冶で屋号にその歴史を残す。鋸山ハイキングコースの登山口から徒歩10分ほどのところに立ち、風呂は大浴場が男女各1つ。大きな浴槽に注ぐ温泉は加温加水してあるが、体の芯まで温まるいい湯だ。入浴後は、ロビーで小休止できる。脱衣場にカギ付きロッカーはあるが、小さいので貴重品を入れ、リュックは床に置く。宿泊では赤座エビ、伊勢エビ、高足ガニ（秋〜春）、深海魚などの魚介料理が好評。前泊にも使える。

🕛立ち寄り湯12〜19時 🈺不定休 💴700円
【泉質・泉温】 ナトリウム-塩化物泉・23.3度
【風呂の種類】 内湯2（男1・女1）
【その他の施設】 客室20室（1泊2食付き9720円〜）、ロビー **P**30台

欄外情報 鋸山には鋸山ロープウェーが運行。浜金谷駅から徒歩8分の山麓駅から山頂駅まで、わずか4分ほどで上がれる。体力に応じて利用するのもよい。☎0439-69-2314 💴往復950円

ポイント 表参道から日本寺の境内を通り、山頂展望台へと至るコースは小学校の遠足に使われるほど、整備されている。ロープウェイで登ることもできる。それとは対照的に浜金谷側は山道の連続。とくに石切場跡から山頂へは、岩間を抜けたり、急登に挑んだりと「山登り」を実感できる。ガラリと雰囲気が変わるのがおもしろい。

アドバイス 日本寺は見どころが多いので、案内図を見て上手な拝観コースを組むこと。表参道管理所を起点にすると、頼朝蘇鉄→大仏広場→弘法大師護摩窟→千五百羅漢道→山頂展望台→百尺観音の順番でめぐるのがよい。コース上のトイレは、日本寺境内の大仏広場と観月台の2カ所。スタートの保田駅でトイレをすませてから出発しよう。

日本一の大仏や千五百羅漢など 日本寺の石仏めぐりも楽しい

❶保田駅を出たら浜金谷駅方面へ。「鋸山遊歩道」の案内板に従って、内房線の線路をくぐり、集落を抜けると農作地に出る。正面に見えるギザギザの山が鋸山だ。小さな水仙橋を渡り、T字路を右へ。その先、Y字路を左に進むと日本寺表参道の階段に出る。

ゆるやかな階段を登り、仁王門を過ぎると表参道管理所がある。拝観料（700円）を支払い境内へ入る。日本寺は神亀2年（725）に行基菩薩が開いた関東最古の勅願寺で、弘法大師も修行したと伝わる。江戸時代に原型が彫られ、昭和44年（1969）に復元した坐像の石仏としては日本一の大仏、千五百羅漢道などに寄り道しながら、ひたすら階段を登ると❷山頂展望台。断崖に突き出た岩から下を覗き込む地獄のぞきを見て、百尺観音

ACCESS ◆ アクセス
【電車・バスで】行き：JR内房線保田駅
帰り：JR内房線浜金谷駅。
※神奈川方面からは京急久里浜駅より東京湾フェリーで金谷港へ渡り、徒歩8分で浜金谷駅へ出ることもできる。
【車で】富津館山道路富津金谷ICから県道237号・国道127号経由で約2km。浜金谷駅の駅前にある有料駐車場に停めて電車で保田駅へ。

HINT ◆ ヒント
東京駅八重洲南口から高速バス「房総なのはな号」で1時間10分・1950円、上総湊駅で降り、内房線で16分・240円、保田駅へ向かうこともできる。

CONTACT ◆ 問合せ先
保田駅前案内所☎0470-55-1683
富津市観光協会☎0439-80-1291
日本寺☎0470-55-1103
JRバス関東高速バスコールセンター☎03-3844-1950

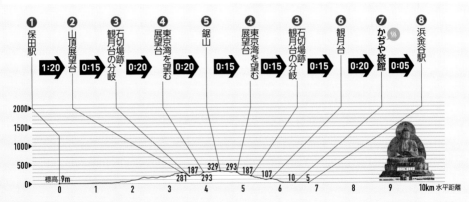

←鋸山の代名詞である地獄のぞき。先端の柵に行くまでが恐い
↑東京湾を望む展望台から館山方面を望む。双耳峰の富山も見える

まで降り、北口管理所を出る。

　急な山道を下り、**❸石切場跡・観月台の分岐**を右へ。房州石（金谷石）の石切場跡を過ぎると、木段や岩を削った階段の急登が待つ。小さな広場に出て、右手の階段を登り**❹東京湾を望む展望台**へ。半円形の案内板とベンチが置かれ、丹沢山地や伊豆七島、富士山を望むことができる。広場からいったん下り、2度アップダウンを繰り返すとまもなく**❺鋸山山頂**に着く。樹林に囲まれた静かなピークで、北西側の視界が開けている。

　❸石切場跡・観月台の分岐まで戻り、観月台方面へ進む。樹林の中を下る山道で、落ち葉を踏んで歩く感覚が心地よい。**❻観月台**から登山口まで階段を下り、車道に合流する。道なりに歩いて、内房線の線路をくぐる

と、**❼かぢや旅館**は近い。ここの温泉で汗を流し、5分ほど歩くと**❽浜金谷駅**に到着だ。
　　　　　　　　　　　（写真・文／内田　晃）

買う　　　　　　　　　　　　　　　**¥**

見波亭（みなみてい）
- -
東京湾フェリー港の複合施設「ザ・フィッシュ」内にあるバウムクーヘン工房。地場食材で作るのこぎり山バウムクーヘン3山1296円は懐かしい味わいで人気。
☎0439-69-8373　⊙9時30分〜18時　⊗無休

N

1:30,000

0　　300　　600m
1cm=300m
等高線は20mごと

養老渓谷

千葉県

入門

標高
154m
［水月寺］

標高差
登り： 3m
下り： 9m

総歩行距離
5.2km

歩行時間
1時間35分

難易度：体力
★☆☆

難易度：技術
★☆☆

房総半島を代表する名瀑・粟又の滝。秋の紅葉はとくに美しい

立ち寄り温泉 養老温泉　☎0470-85-0056

滝見苑けんこう村 ごりやくの湯

肌がスベスベになる褐色の温泉

養老川沿いの高台にあり、粟又の滝からは徒歩25分ほど。薄い茶褐色の温泉は泉温が低く加温しているが、加水はしていない。肌触りがやわらかく、湯の中で身体をさするとツルッとした触感が手に残る。内湯は木造屋根の湯小屋風、露天風呂は樹林を望む岩風呂で、ガラリと雰囲気が異なる。食事処のほか、個室休憩室があり、湯めぐりセット1900円を購入すれば温泉旅館「滝見苑」の風呂にも入浴できる。

↑露天風呂は岩風呂風で湯口には微笑みを浮かべた石仏が鎮座する
→湯気抜きを設けた木造の天井が印象的な内湯。3方向に窓がある

🕙10〜20時（1〜3月の平日は〜19時）　㊡不定休
💰1100円（18時以降850円）
【泉質・泉温】温泉法上の温泉（メタけい酸）・16.5度
【風呂の種類】内湯2（男1・女1）、露天2（男1・女1）
【その他の施設】食事処、個室休憩室（2時間3150円）
🅿80台

ポイント 房総半島の内陸部、大多喜町粟又地区から市原市朝生原地区へ流れる養老川が形成した渓谷を歩く。「滝めぐり遊歩道」の名前の通り、コース上には風情ある滝が眺められる。

アドバイス おすすめは春の新緑と秋の紅葉シーズン。健脚ならば、養老渓谷駅から温泉街まで2kmほど歩き、観音橋や弘文洞跡を巡り、弘文洞跡バス停から原ノ台バス停へ移動するプランも組める。

▶ 難所は遊歩道へ至る石段くらい ほぼ平坦な道のりで初心者に最適

のどかな田園地帯をディーゼル列車で走り、古い木造駅舎も楽しみな小湊鐵道で養老渓谷駅に着いたら、路線バスに乗車して❶原ノ台バス停へ。バス停から来た道を少し戻り、左に曲がると❷水月寺が見える。隠れた花の名所で、例年3月下旬から4月下旬になると境内のイワツツジ（ミツバツヅジ）やサツキが見頃を迎える。

寺の左側を回り込み、小沢又の滝（幻の滝）入口の茶店を過ぎると、下りの石段になり、

養老川のほとりに出る。飛び石で対岸の遊歩道に渡り、左へ進む。遊歩道は川のせせらぎとほぼ同じ高さにあり、両側に断崖が連なる景観は圧巻だ。モミジ、カエデ、ナラなどの落葉樹も多く、秋には錦繍の世界となる。

大きく右に左に蛇行する川の流れに沿って進み、❸万代の滝を過ぎると、ほどなくメインスポットの❹粟又の滝に到着だ。なだらかな岩盤を水流がすべり落ちる女性的な滝で、水面を渡る涼風が気持ちよい。

飛び石で対岸に渡り、石段を登りきると県道178号に出る。右に進み、道なりに20分

ACCESS ◆ アクセス

【電車・バスで】 行き：小湊鐵道養老渓谷駅→小湊鐵道（バス）4分・400円→原ノ台 帰り：粟又・ごりやくの湯→小湊鐵道（バス）18分・400円→養老渓谷駅 ※小湊鐵道はJR内房線五井駅で乗り換える **【車で】** 圏央道木更津東ICから国道410号・県道32・81号経由で約26km。粟又の滝から南へ300mほどに町営駐車場がある。入浴後に歩きたくない場合は、ごりやくの湯に許可をもらい、駐車するとよい。

HINT ◆ ヒント

粟又・ごりやくの湯バス停から養老渓谷駅へ戻る最終バスは15時30分なので乗り遅れに注意しよう。日曜、祝日や紅葉期の限定だが、小湊鐵道・いすみ鉄道上総中野駅から粟又の滝行きの「探勝バス」が運行される。

CONTACT ◆ 問合せ先

大多喜町観光協会☎0470-80-1146
小湊鐵道バス大多喜車庫☎0470-82-2821

ほど歩くと滝見苑けんこう村 ごりやくの湯だ。ひと汗流したいところだが、ここは我慢。敷地内のハイキングコースで❺金神の滝（こんじん）まで、ひと足のばしてみよう。木の橋を渡り、小さな山を超えると鳥居の向こうに落差35mの滝が見える。滝壺の岩壁には山、土、太陽の神が祀られ、神聖な雰囲気が漂う。智恵の穴と命名された隧道をくぐり、川沿いを歩いて❻滝見苑けんこう村 ごりやくの湯（ゆ）に戻る。ゆっくり温泉を楽しんだら、県道を粟又の滝方面へ歩き、❼粟又・ごりや（あわまた）

くの湯バス停（ゆてい）から養老渓谷駅へ戻ろう。

（写真・文／内田 晃）

養老川の流れを間近に感じながら遊歩道を歩く

万代の滝は足元が滑りやすいので注意しよう

食べる

旬味処 大多喜

ごりやくの湯内にある食事処。揚げ餅をトッピングしたごりやくそば900円（写真）、千葉県の銘柄牛しあわせ絆牛を使ったカレー、勝浦産のなるなかポークを使った豚汁などが味わえる。☎0470-85-0056 ⏰11〜15時LO（日曜、祝日は16〜18時LO、土曜・休前日は16〜19時LOあり）🈺不定休

千葉県
大多喜町

• 養老渓谷駅

水月寺❷

❶原ノ台バス停

万代の滝❸

粟又の滝
滝見苑

粟又の滝❹

賀茂神社

金神の滝❺

❼粟又・ごりやくの湯バス停

❻滝見苑けんこう村ごりやくの湯

旬味処
大多喜

1:27,000

0 250 500m
1cm=270m
等高線は10mごと

散歩気分で登れる低山ながら、山頂の大パノラマは一級品

埼玉県

入門

標高
197m
［天覧山］

標高差
登り：**92**m
下り：**55**m

総歩行距離
7.6km

歩行時間
2時間**20**分

難易度：体力
★☆☆

難易度：技術
★☆☆

天覧山から宮沢湖

秋の天覧山では子育てを終えたタカが南の国へ旅立つ「鷹の渡り」が見られる

↑温泉は肌の角質をとる美肌効果から"美肌の湯"ともいわれる
←大人がくつろげる空間作りのため、小学生未満は入場できない。
脱衣場のカギ付きロッカーは25ℓ前後のリュックを収納できる

立ち寄り温泉　宮沢湖温泉　☎042-983-4126

宮沢湖温泉 喜楽里別邸

バリエーション豊かな風呂で1日遊べる

宮沢湖を望む高台に立つ。露天風呂は2つの風呂からなり、源泉風呂から展望風呂へ温泉が流れ込む。温泉の布団に寝転がるような露天の寝湯も心地よい。内湯は井戸水使用の白湯、高濃度炭酸泉、塩サウナ、展望サウナを設置。火釜の遠赤外線で体の芯まで温めるプルガマサウナ、岩盤浴、休憩室や食事処もある。

営9〜24時　休無休　料シンプルコース1000円（平日の18時以降は820円）、平日ゆったりコース1340円（岩盤浴＋館内着。18時以降は1160円）など
[泉質・泉温] アルカリ性単純温泉・32.4度
[風呂の種類] 内湯2（男1・女1）、露天2（男1・女1）、プルガマサウナ、岩盤浴
[その他の施設] レストラン（11〜21時LO。土・日曜、祝日は10時30分〜）、ボディケアなど　P115台

欄外情報　高麗峠の先にある宮沢湖の分岐を左に進むと25分ほどで巾着田に着く。例年9月中旬〜10月上旬には500万本の曼珠沙華が一斉に咲き、赤い花で埋め尽くされる。

ポイント　もともとは愛宕山、羅漢山とも呼ばれたが、明治時代に明治天皇がこの山から近衛兵の演習をご覧になり、「天覧山」と山名を改めた。低山とは思えない大パノラマが望め、桜や紅葉の名所としても知られる。

アドバイス　天覧山、奥武蔵自然歩道ともに歩きやすいが、雨上がりなどは土の道が滑りやすいので注意。標高197mの低山なので、真夏や梅雨時は避け、気候の穏やかな時期にのんびりと歩きたい。

▶ 明治天皇も賞賛した眺望を楽しみ 後半は雑木林の尾根から宮沢湖へ

❶飯能駅(はんのうえき)北口のロータリーから北へ向かい飯能駅前交差点を左折。赤レンガを敷いた商店街を通り、飯能市中央公民館が立つ飯能河原交差点を右に曲がる。❷観音寺(かんのんじ)参道入口を見送り、墓地脇の小道へ。石垣のある坂道を下ると小さなカシ林になり、小川を渡ると諏訪八幡神社への階段が左に見える。

坂道を登り詰めると飯能市郷土館の脇に飛び出し、その先のT字路を右折すると❸能仁寺(のうにんじ)の山門が見える。後方の山が天覧山だ。登山道は山門前を右へ進み、池のある公園の手前を左へ入る。雑木林の舗装道を登ると、東屋のある中段（広場）に出る。ここから土道になり、最初の分岐を左に行くと十六羅漢像が待つ。徳川5代将軍綱吉の病気平癒を感謝して、生母の桂昌院が奉納したものだ。

簡単な岩場を越えると❹天覧山(てんらんざん)の山頂。東側に展望台が設けられ、飯能の市街地をはじめ、陣馬山、大前山(おおまえやま)、御前山(ごぜんやま)などが見渡せる。山頂表示の裏側から木段を下り、東屋の右脇を入る。広葉樹の森から車道に出たら左へ。西武線の線路をくぐり、ゴルフ場入口の

ACCESS ◆ アクセス

【電車・バスで】行き：西武池袋線飯能駅
帰り：宮沢湖温泉→イーグルバス15分・200円→飯能駅。
【車で】圏央道狭山日高ICから県道347号・国道299号経由で約6km。飯能駅周辺には駐車場がないので、宮沢湖温泉 喜楽里別邸に許可をもらってから駐車場に停めて天覧山を往復するか、飯能駅まで歩いてバスで宮沢湖まで戻るコースが適当だろう。

HINT ◆ ヒント

飯能駅へは池袋駅始発の準急で約55分・480円。イーグルバスは1時間に1本で、日帰り温泉施設の宮沢湖温泉 喜楽里別邸の玄関先に宮沢湖温泉バス停がある。SuicaやPASMOなどのIC乗車券は使用できないので、小銭を用意しておこう。

CONTACT ◆ 問合せ先

奥むさし飯能観光協会☎042-980-5051
イーグルバス川越営業所☎049-233-3711

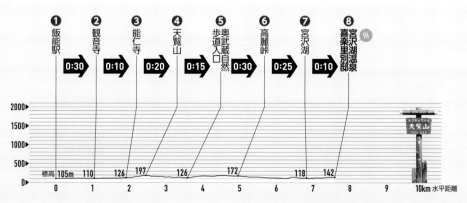

左脇にある❺奥武蔵自然歩道入口を入る。

　最初こそ登りだが、汗をかくまもなく尾根に出る。右に「高麗峠」、左に「高麗峠（近道）」の分岐で戸惑うが、左に進めばその先は迷う心配はない。道標に従って歩き❻高麗峠の先にある宮沢湖の分岐を右へ。ゴルフ場を横切り、小さな峠を越えると❼宮沢湖の湖畔に出る。南岸のメッツァビレッジにはムーミンの物語を追体験できる「ムーミンバレーパーク」がある。メッツァバス停から左の坂を上がると❽宮沢湖温泉 喜楽里別邸に着く。

飯能駅へ戻る宮沢湖温泉バス停は玄関前にある。
　　　　　　　　　　（写真・文／内田　晃）

樹木が茂る高麗峠。ベンチでひと休みできる

季節の花咲く宮沢湖。カヌー体験もできる

食べる

湖畔茶寮

宮沢湖温泉 喜楽里別邸内のビュッフェレストラン。営業時間中は天ぷら、魚料理、肉料理、スイーツなど30種以上の和・洋・中華料理が90分食べ放題となる。野菜たっぷりのヘルシー料理が多く、女性に人気が高い。メニューは3カ月ごとに交替。1人1580円。温泉施設のデータ参照

日高市

新武蔵丘ゴルフコース

宮沢湖温泉 喜楽里別邸

湖畔茶寮

宮沢湖❼

高麗峠❻

ゴルフ場を横切る
宮沢湖と巾着田への分岐あり

宮沢湖温泉

宮沢湖温泉❽

武蔵丘ゴルフコース
メッツァビレッジ・ムーミンバレーパーク

メッツァ

「高麗峠」「高麗峠（近道）」の分岐は「高麗峠（近道）」へ進む

❺奥武蔵自然歩道入口
西武池袋線の線路をくぐる

天覧山❹

❸能仁寺
市民会館
諏訪八幡神社
飯能市郷土館
❷観音寺
飯能河原
飯能小町公園

東飯能駅

飯能駅❶

飯能市

1:36,000
0　　500　　1000m
1cm=360m
等高線は20mごと

名栗湖から棒ノ折山

埼玉県
東京都

初級

標高

969 m
［棒ノ折山］

標高差

登り： **717** m
下り： **747** m

総歩行距離

10 km

歩行時間

4 時間

難易度：体力

★★☆

難易度：技術

★★★

白谷沢で最大のゴルジュ。岩壁の狭い谷筋を登っていく

立ち寄り温泉 名栗温泉 ☎042-979-0505

大松閣

ぬるめの湯に浸かり眺望を楽しむ

棒ノ折山の東麓に立つ一軒宿。温泉は800年前に手負いの鹿が湯に浸かり、傷を癒す様子を猟師が見て発見したと伝わる。風呂は露天風呂付き展望大浴場、2つの貸切風呂、男女交替制の檜風呂と合計5カ所。立ち寄り湯は大浴場を利用する。敷地内の「山の茶屋」で1650円以上の食事をすれば入浴料が1200円に割引。入浴料1800円に1050円の増額で食事が楽しめるので、入浴＋食事の方がお得だ。

🕐立ち寄り湯11〜20時　🈺不定休　🈷1800円
【泉質・泉温】 温泉法上の温泉（総硫黄）・17度
【風呂の種類】 内湯3（男1・女1・時間による男女交替制1）、露天2（男1・女1）、貸切風呂2（50分2750円〜）
【その他の施設】 客室19室（1泊2食付き1万8850円〜）、ラウンジ、売店　🅿40台

↑展望大浴場。冷たい源泉風呂もあり、加温湯との交互浴をすすめている

→建物は立派な5階建て。宿泊の夕食は会席料理か炭火焼きを選択できる

欄外情報　棒ノ折山という山名の由来には、鎌倉時代の武将・畠山重忠が登頂した時に愛用の石棒が折れたため、または山容が坊主の頭に見えることから「坊の尾根」と呼ばれ、それが転じたなど諸説ある。

夏でも涼しい沢登りコース
岩茸石からの急登が頑張りどころ

❶さわらびの湯バス停を降りたら、下山までトイレはないので済ませていこう。左手の坂をしばらく登る。有間ダムの堰堤上を歩き、突き当たりを右へ。湖畔を歩き❷白谷橋を渡ると左側に登山道入口がある。

杉林の中を行くと、やがて白谷沢沿いの道になり、この先、大岩の両側を2本の滝が滑り落ちている藤懸の滝など、3つの滝が待つ。石伝いに沢を渡りながら遡上すると、牢門と呼ばれる最初のゴルジュ（両側から岩壁が迫る細い谷筋）が登場。左側を登り、天狗の滝を過ぎると本コース最大のゴルジュに出る。右に左にと沢を横切り、岩壁をクサリにすがってよじ登ると、左手に白孔雀の滝が見え、沢登りは一段落する。

ほどなく登山道は沢を離れ、林道に出て左へ。ベンチがある登山口から雑木林の中を横巻きに進み、❸岩茸石が立つ尾根上の十字路に出る。左から合流する尾根道は、さわらびの湯（河又）からの別ルートで、白谷沢が通行できないときの迂回路になる。十字路を右に進み、急勾配の木段を登ると、高水三山

ACCESS ◆ アクセス

【電車・バスで】行き：西武池袋線飯能駅→国際興業バス41分・630円→さわらびの湯。河又名栗湖入口バス停から歩いてもよい

帰り：名栗川橋→国際興業バス37分・630円→飯能駅。

【車で】関越自動車道川越ICから国道16・299号・県道70・53号経由で約37km。さわらびの湯の登山者用駐車場（入浴者に限る）に駐車し、さわらびの湯で汗を流すのも一案だ。

HINT ◆ ヒント

棒ノ折山にはいくつかのルートがあり、権次入峠から高水三山の岩茸石山と惣岳山を経て御嶽駅に至るコースや、棒ノ折山から奥多摩町の百軒茶屋へ下るコース（P19MAP参照）もとれる。

CONTACT ◆ 問合せ先

奥むさし飯能観光協会☎042-980-5051
西武鉄道お客さまセンター☎04-2996-2888
国際興業バス飯能営業所☎042-973-1161

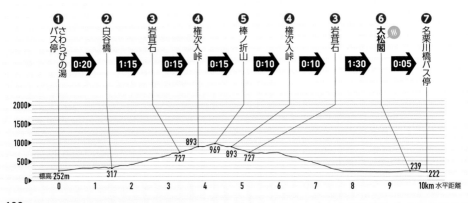

絶景が待つ棒ノ折山の山頂。東屋、ベンチもあり大休止したい

滝ノ平尾根は滑りやすい木の根道が多いので注意

からの縦走路が交差する❹**権次入峠**に到着。その先、登山道を左に迂回する木の根が露出した山道を登り詰めると❺**棒ノ折山（棒ノ嶺）**の頂上に着く。赤土の広々とした山頂で、武甲山、赤城山などが一望できる。

大パノラマを楽しんだら、来た道を❸**岩茸石**まで戻る。裏側に回り込み、滝ノ平尾根を一気に下る。登山口に出たら、赤い橋を渡り右へ。すぐの相生橋を渡り20分歩くと❻**大松閣**に着く。ここから❼**名栗川橋バス停**へは徒歩5分ほどだ。（写真・文／内田　晃）

食べる

山の茶屋

大松閣敷地内の食事処。テーブルで肉や野菜を焼く炭火焼コースが主だが、御膳や麺類、一品料理も揃う。猪と鹿肉の天丼にサラダや味噌汁が付く猪鹿丼は2200円（写真）。

☎042-979-0505
🕐11時〜14時30分LO、
17時〜19時30分LO
㊡水曜、第1・3火曜

埼玉県
中級

蕨山
(わらび やま)

標高

1033m
［蕨山展望台］

標高差

登り：**707**m
下り：**781**m

総歩行距離

10.1 km

歩行時間

4 時間 **45** 分

難易度：体力

★★☆

難易度：技術

★★☆

蕨山展望台のベンチでひと休み。お弁当を広げる人も多い

↑ウッドデッキの露天
風呂。温泉はサラリと
した柔らかな肌触り
←銀色の屋根が周囲の
緑に映える。建物の斬
新さも特徴の一つ

立ち寄り温泉 ▶ 名栗温泉 (な ぐり)　☎042-979-1212

さわらびの湯 (ゆ)

アウトドア派が集う山峡のいで湯

飯能市営の日帰り温泉施設。温泉浴場のロッカーは小さくリュックを収納できないが、下駄箱近くの有料コインロッカーを利用すれば安心だ。風呂は大浴場、サウナ、露天風呂が男女各1つ。無料で利用できる休憩室やラウンジは、飲食物の持ち込みが自由。ビール、酎ハイなどのアルコールは自動販売機で、売店ではカップラーメンやパンを販売している。疲れた身体をもみほぐすマッサージチェアもある。

🕐10〜18時
📅第1水曜（祝日の場合は翌日）
💴3時間以内800円
【泉質・泉温】 アルカリ性単純硫黄冷鉱泉・16.8度
【風呂の種類】 内湯2（男1・女1）、露天2（男1・女1）
【その他の施設】 休憩室、ラウンジ、売店　🅿100台

欄外情報 さわらびの湯バス停近くにお休み処「やませみ」がある。地元主婦の手作り名栗まんじゅうをはじめ、うどん、そばなどの軽食も提供。☎042-979-0010　🕐10〜16時（平日は〜15時頃）　📅無休

尾根に上がるまでが試練！覚悟を決めて杉林の急登へ

　スタートは❶名郷バス停から。飯能側に少し戻り、二股道を右へ。公衆トイレと蕨山ハイキングコースの案内板、無人の有料駐車場があるのですぐ分かる。民家脇に立つ「蕨山へ4.5km」の道標に従って右に折れ、小さな蕨入橋を渡る。夏には川遊びする子どもたちの姿を橋の上から見ることができる。都心ではすっかり目にできない懐しい風景だ。

　杉林の林道を登り詰めると❷登山道入口。先に進むとすぐ右手に沢があり、注意して渡る。杉林の急坂を経て、石伝いに2度沢を渡ると本格的な登りになる。勾配はきついが足元はよく整備され、ベンチもあるので、上手に休憩しながら登ろう。「蕨山へ1.7km」の道標が立つ尾根道に上がったら左へ進む。広葉樹に包まれた尾根道を歩き、露岩状の斜面を登って、後方を振り向くと双耳峰のような山容の伊豆ヶ岳と古御岳が望める。本コー

ACCESS ◆ アクセス

【電車・バスで】行き：西武池袋線飯能駅→国際興業バス55分・830円→名郷　帰り：さわらびの湯→国際興業バス41分・630円→飯能駅。
【車で】関越自動車道川越ICから国道16・299号・県道70・53号経由で約35km。名郷バス停手前の公衆トイレ近くに有料駐車場がある。また、さわらびの湯の登山者用駐車場（入浴者に限る）に車を置き、バスで名郷まで移動することもできる。

HINT ◆ ヒント

バスは平日と土・日曜、祝日で運行時間や本数がかなり違うので、事前に確認しておくことが重要だ。なるべく早く、できれば平日は7時台、土・日曜、祝日は8時台のバスに乗りたい。

CONTACT ◆ 問合せ先

奥むさし飯能観光協会☎042-980-5051
西武鉄道お客さまセンター☎04-2996-2888
国際興業バス飯能営業所☎042-973-1161

❶名郷バス停　0:25　❷登山道入口　1:45　❸鳥首・有間山分岐　0:05　❹蕨山展望台　0:25　❺藤棚山　0:30　❻大ヨケの頭　0:55　❼金比羅神社跡　0:35　❽さわらびの湯　0:05　❾さわらびの湯バス停

標高326m　420　1032　1033　920　771　582　252　252

0　1　2　3　4　5　6　7　8　9　10km 水平距離

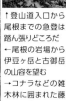

↑登山道入口から尾根までの急登は踏ん張りどころだ
←尾根の岩場から伊豆ヶ岳と古御岳の山容を望む
→コナラなどの雑木林に囲まれた藤棚山のピーク

ス屈指のビューポイントなので、しばし風景を眺めたい。ロープを頼りに岩場を登り、2つのベンチを過ぎると❸鳥首・有間山分岐に着く。

道標を左に進み、少し下ってもうひと登りすると❹蕨山展望台だ。三角点は手前の分岐を「有間山へ」方向に進んだところにあるが、この展望台を頂上とするのが一般的だ。標高1033mの山頂表記もここに立つ。ベンチとイラスト式の山頂方位盤を設けた展望台は、周囲の樹木が高く視界は狭いが、落葉すると大持山、武甲山、武川岳などが枝越しに望め、榛名山、赤城山、日光連山なども遠望できる。のんびりと大休止したい。

急降下の坂道も一部あるが後半は穏やかな尾根歩き

展望台の山頂方位盤を正面に見て、右下へ続く山道を下る。右側が広葉樹、左側は針葉樹の尾根道を通り、杉林を経てひと登りすると❺藤棚山。広葉樹林の中に山頂表記とベンチがある静かなピークだが、新緑と紅葉期は色鮮やかに彩られる。ベンチの向かいに三角点が立つ。

この先は杉林の間を蛇行しながら下る。足元は木の根がむき出しなので転倒に注意したい。突然、右手の視界が開け林道と山並みが見えるが、すぐに林の中に入り、露岩やV字にえぐられた坂を登り詰めると❻大ヨケの頭に出る。広葉樹林の中に木製の表記板がぽ

名栗湖が見えてくるとコースも終盤に近づいてくる

つりとたたずんでいる。

　少し下り、林道を横断して山道に戻る。樹林越しに名栗湖を見て、秋葉大権現の小さな祠を過ぎると、まもなく❼**金比羅神社跡**。火災のため社殿はなく、かつての土台に小さな石祠が鎮座している。

　簡素な鳥居をくぐると、下りも大詰め。急な木段を下り、石の鳥居をくぐると、しばらく悪路が続く。雨上がりなどはすべりやすいので注意しよう。やがて右手に名栗湖と棒ノ折山が木々の間から顔を覗かせる。「さわら

びの湯バス停0.6km」の道標を過ぎ、その先で分岐を右へ進む。民家の脇を抜けて、墓地を過ぎた車道が❽**さわらびの湯**の入口で、❾**さわらびの湯バス停**がある。バス停近くには2020年夏に北欧文化を体験できる複合施設ノーラ名栗が開園予定。フィンランド式のテントサウナ、バーベキュー、週末マルシェ（市場）などの楽しみが増える。バス停から温泉は5分ほどの距離。バスの時刻を調べて、汗を流してから帰路につこう。

（写真・文／内田　晃）

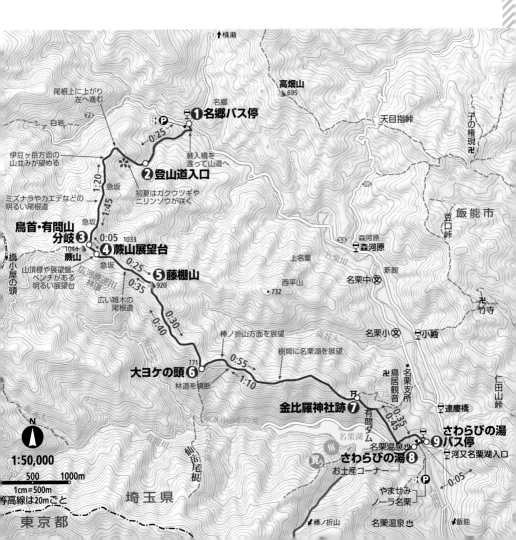

埼玉県
入門

官ノ倉山

標高
344m
[官ノ倉山]

標高差
登り：**227**m
下り：**257**m

総歩行距離
10.4km

歩行時間
3時間**25**分

難易度：体力
★☆☆

難易度：技術
★★☆

官ノ倉山の山頂にはベンチが設置され、のんびりと眺望が楽しめる

↑露天風呂は全身浴、半身浴、寝湯などいろいろな風呂がある
←建物は平屋建て。木の温もりに満ちて、心が落ち着く。フロントで大きなリュックは預かってくれる

立ち寄り温泉　おがわ温泉　☎0493-73-2683

おがわ温泉 花和楽の湯

大空の下で浸かる露天風呂が好評

浴室、貸切風呂、大広間、食事処、貸切露天風呂付き個室などが中庭を囲むように立つ日帰り温泉施設。男女別露天風呂は広々として、一角に高濃度炭酸泉も。サウナではアロマオイルの香りと熱風を客人に楽しんでもらうロウリュウを実施する。18時以降はタオルセット、浴衣、岩盤浴着が含まれないシンプルコースもあり、入館料が割引になる。

🕐10〜23時（受付は〜22時）　休不定休
💰1100円（18時以降はシンプル880円）
[泉質・泉温] アルカリ性単純温泉・27.8度
[風呂の種類] 内湯2（男1・女1）、露天2（男1・女1）、岩盤浴2（混浴1・女1）、貸切風呂（2時間3780円〜）
[その他の施設] 大広間、中広間、食事処（11〜21時LO）、個室など　Ｐ130台

欄外情報　小川町名物の忠七めしは「割烹旅館二葉」の看板料理で海苔をまぶしたご飯に薬味を添え、鰹だしをかけて食べる。女郎うなぎは吉原の花魁が伝えたという甘辛いタレで食す「割烹福助」のうなぎ蒲焼き。

ポイント 官ノ倉山は石尊山と連なる双耳峰で、小川町市街の西側にある。どちらも標高340m台の低山ながら眺望はよい。一部、つづら折りの急登、クサリ場などの注意ポイントはあるが、スタートとゴールが東武東上線の駅となるためアクセスしやすく、道標もきちんと整備されている。ファミリーで楽しめる入門コースだ。

アドバイス 低山のため梅雨や真夏は避けたいところ。山中に水場はないので食料とともに必ず持参する。三光神社近くの公衆トイレを過ぎると下山口までトイレはないので、必要に応じて利用しよう。小川町は手漉き和紙の伝統産業が盛んで、「女郎うなぎ」や「忠七めし」などの食も楽しみ。温泉で汗を流した後、寄り道するのも楽しい。

のどかな山里を歩き山道へ
石尊山直下のクサリ場は要注意

❶**東武竹沢駅**の改札を出て右へ。ハイキング標識に従って地下通路をくぐり、T字路を左折する。JR八高線の線路を渡って、そのまま道なりに歩くと、のどかな山里の風景が広がり、官ノ倉山の尾根が見えてくる。❷**三光神社**が立つ二股道を左に入り、5分ほど歩いた民家の手前を左に上がると天王池。

ここから本格的な山道になる。

杉林の山道は次第に傾斜が増し、つづら折りの登りを経て尾根に上がる。道標に従い左の木と露石の道をひと登りすると、❸**官ノ倉山**の山頂だ。正面の道は安戸地区への道なので注意しよう。山頂から小川町の街並みや奥武蔵の山々を眺めたら、いったん下って❹**石尊山**の頂上へ登り返す。小さな石祠が並び、こちらからの眺めもよい。

ACCESS ◆ アクセス

【電車・バスで】行き：東武東上線東武竹沢駅
帰り：東武東上線小川町駅。
【車で】関越自動車道東松山ICから国道254号経由で約20km。スタートの東武竹沢駅やコース上には駐車場がないが、週末の混雑時でなければおがわ温泉花和楽の湯に許可を得て車を置かせてもらい、小川町駅から東武竹沢駅に移動するという手はある。交渉してみるとよい。

HINT ◆ ヒント

池袋駅から小川町駅へは東武東上線急行で1時間15分。東武竹沢駅へは小川町駅で寄居行きに乗り換える。JR八高線、川越線で竹沢駅に出る方法もある。高麗川駅で乗り換えて、八王子駅からは約1時間30分・1170円、川越駅から約1時間10分・770円。

CONTACT ◆ 問合せ先

小川町産業観光課☎0493-72-1221
東武鉄道お客さまセンター☎03-5962-0102

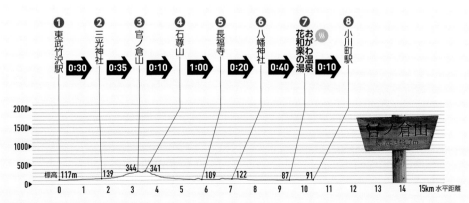

↑天王池。その脇から山道が始まる
←石尊山の頂上には祠が立つ
→石尊山直下のクサリ場

本コースでは難所となるクサリ場を慎重に下り、杉林の中をひたすら下る。林道に出て沢沿いになると、まもなく北向不動。三十六童子の板碑が両側に並ぶ急階段を登った高台に不動尊を祀る小社がある。林道を抜け、突き当たりを右折。公衆トイレを過ぎて笠原地区に入る。道標の立つ小さな橋を渡って林の中へ。車道を渡り、再び林を抜けると**❺長福寺**（ちょうふくじ）は近い。この先は車道歩きの連続。道標に注意しながら**❻八幡神社**（はちまんじんじゃ）を訪ね、小川町の市街地に入る。

仕込み水の試飲ができる晴雲酒造の先を左に折れて、小川駅入口交差点を通過する。本町一丁目の信号を左折して高架線路をくぐると、やがて**❼おがわ温泉 花和楽の湯**（おんせん かわらのゆ）が見え

てくる。ひと風呂浴びてさっぱりしたら、ここから**❽小川町駅**（おがわまちえき）までは、近道を歩いて10分ほどだ。　　　　　（写真・文／内田　晃）

食べる

麦雑穀工房 マイクロブルワリー
（ざっこく）

地ビール工房併設のバー。大麦、小麦、キビなどを南ドイツ産酵母で発酵させた雑穀ヴァイツェンが一番人気。2019年に新工房が完成した。☎0493-72-5673　⏰15時～19時30分（土曜は11時～、日曜は11時～18時30分）　休月・火曜（祝日の場合は営業）

御嶽山
みたけやま

埼玉県

入門

標高
343m
［御嶽山］

標高差
登り： 222m
下り： 212m

総歩行距離
3.8km

歩行時間
1時間**22**分

難易度：体力
★☆☆

難易度：技術
★☆☆

金鑚神社の御神体である御嶽山から張り出した尾根上にある岩山展望台

立ち寄り温泉 神流川温泉 ☎0274-52-3771
かんながわ

おふろcafé 白寿の湯
はくじゅ ゆ

濃厚な成分を含む茶褐色の湯

埼玉県と群馬県の県境部、神流川の近くに立つ日帰り温泉施設。地下750mの古生層から湧出する温泉は空気に触れると茶褐色に変色する。強食塩泉のためよく温まり、風呂は内湯と露天が男女各1つ。食事処、仮眠室、マンガや雑誌を揃えたライブラリースペース、無料のマッサージチェアなど、休憩施設も充実している。脱衣場のロッカーはカギ付きで、大型リュックはフロントで預かってくれる。

🕐10〜23時 　休無休
💰780円（土・日曜、祝日は880円。全日21時以降は450円）
［泉質・泉温］ ナトリウム−塩化物強塩泉・26度
［風呂の種類］ 内湯2（男1・女1）、露天2（男1・女1）
［その他の施設］ 食事処（11時〜21時30分LO）、休憩室、仮眠室など 　**P**110台

↑加温した源泉をかけ流しにする露天風呂。風呂の縁や床に付いた湯の華は温泉の証
→御嶽山から車道を下ってくると突き当たりに施設がある

欄外情報 御嶽の鏡岩には語り伝えが多い。岩面が赤褐色なのは、中世の山城があった頃にその輝きが敵の目標になるため松明でいぶしたからという。

ポイント 標高343mの低山だが、岩山展望台からの眺望はピカイチ。関東平野や北関東の山々が望める。修験道の回峰行場という一面も持ち、山中には四国八十八ヶ所霊場を模したと考えられる70余体の石仏が鎮座する。御嶽の鏡岩、弁慶穴などの見どころも多い。

アドバイス 金鑽神社の参詣ついでに登る人も少なくない入門の山だが、運動靴程度の足固めは必要。金鑽神社とわたるせ登山口に無料貸し出しの竹杖がある。利用する場合はマナーを守り、きちんと返却しよう。夏期は虫除けスプレーを携行したい。

たくさんの句碑や石仏が点在する 雑木林の登山道をゆるゆる登る

❶**新宿バス停**を降りたら、来た道を戻り新宿交差点を右折。大型車の通行が多い国道462号を15分ほど歩き、小さな峠を越えると右手に大鳥居が現れる。参道を進み、最後のトイレがある駐車場を通過。重文指定の優美な多宝塔を見て、❷**金鑽神社**の拝殿へ。この神社は日本武尊が東征の帰途、拝殿の後ろにそびえる御嶽山に火打石を奉納し、天照大神と素盞鳴命を祀ったのが始まり。山全体が御神体のため、境内に本殿はない。

拝殿前の階段を戻り、右奥に進むと日本武尊の石像が立つY字路に出る。階段状の登りとなる右へ。句碑が並ぶ一角を過ぎ、左に鉄柵が見えると御嶽の鏡岩は近い。御嶽の鏡岩は約1億年前の岩断層すべり面で、強い摩擦力により鏡のように磨かれたものだ。

尾根の鞍部に上がり、左に進むと石仏が並ぶ休憩舎。その先の岩場が❸**岩山展望台**だ。丘陵の先には関東平野が広がり、赤城山、子持山、榛名山なども望める。鞍部に戻

ACCESS ◆ アクセス

【電車・バスで】 行き：JR高崎線本庄駅→朝日自動車（バス）30分・570円→新宿 帰り：下渡瀬→朝日自動車（バス）32分・610円→本庄駅。

【車で】 関越自動車道本庄児玉ICから国道462号経由で約12km。金鑽神社の境内に20台ほどの駐車場があり、日没までならば登山者も利用可。または白寿の湯に許可をもらい、駐車場に車を置いて一周するプランにしてもよい。白寿の湯から金鑽神社まで徒歩約35分。

HINT ◆ ヒント

登山口へは本庄駅南口から神泉総合支所行きバスに乗車。バスは平日、土・日曜、祝日ともに1時間1〜2便だが、まったくない時間帯もあるのであらかじめ確認しておこう。丹荘駅入口バス停で乗降すれば、JR八高線も利用できる。バス停から丹荘駅へは徒歩5分ほど。

CONTACT ◆ 問合せ先

神川町経済観光課☎0495-77-0703
朝日自動車（バス）本庄営業所☎0495-21-7703

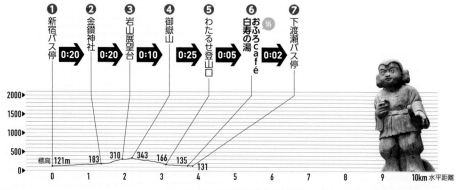

❶新宿バス停 **0:20** ❷金鑽神社 **0:20** ❸岩山展望台 **0:10** ❹御嶽山 **0:25** ❺わたるせ登山口 **0:05** ❻おふろcafé白寿の湯 **0:02** ❼下渡瀬バス停

標高 121m 183 310 343 166 135 131

2000▶ 1500▶ 1000▶ 500▶ 0▶

0 1 2 3 4 5 6 7 8 9 10km 水平距離

←にぶく輝く御嶽の鏡岩は国の天然記念物に指定されている
↑草木が生い茂る御嶽山の山頂。中世には山城が築かれた

り、**④御嶽山**の山頂を往復。山頂から「わたるせ・秋葉神社・新宿方面」への山道もあるが、急坂の下りが続くので鞍部へ戻ろう。

山頂を背にして、鞍部から右の「わたるせ方面」へ。ほどなく林道に飛び出し、少し下ると右手に「わたるせ登山口」への道標が立つ。そのまま林道を進み、法楽寺跡を経由してゴルフ場方面を目指すのもよいが、本コースは右の山道を進む。庚申塔が立つ分岐で山頂からの別ルートが合流。さらに杉林の中を下り、秋葉神社・新宿への分岐を「登山口」方面に進むと300mほどで**⑤わたるせ登山口**。ゴルフ場に連絡する車道を道なりに下り、突き当たった道路の対面が**⑥おふろ**

café 白寿の湯。**⑦下渡瀬バス停**は1本裏手の道路沿いにある。（写真・文／内田　晃）

食べる

食事処 俵や

白寿の湯内の食事処。圧力釜で炊き高温熟成することで、モチモチの食感を出した寝かせ玄米や自家製の糀料理など「おいしく健康に」がテーマの料理を提供。主菜を肉か魚か選べる糀御膳1408円（写真）が好評だ。営休温泉施設のデータ参照

1:25,000

0　　250　　500m
1cm=250m
等高線は10mごと

埼玉県

初級

標高

627 m
[破風山]

標高差

登り：375 m
下り：459 m

総歩行距離

10.1 km

歩行時間

3 時間 35 分

難易度：体力

★★☆

難易度：技術

★☆☆

旧巡礼道から破風山

破風山の山頂は10人ほどで満員の広さ。秩父市街や奥秩父の山々を一望できる

↑泉温はややぬるめ。つるつるの感覚が愉快で何度も肌を撫でたくなる。サウナ、岩盤浴などもある

←建物は平屋建て。館内は廊下も畳敷きで裸足で歩ける

立ち寄り温泉　秩父川端温泉　☎0494-62-0620

秩父川端温泉 梵の湯

関東一の重曹泉でしっとりした肌に

"関東一の重曹泉"の評判は伊達ではなく、大浴場の浴槽に体を沈めた瞬間から、ヌルッとした感覚を全身に感じる。露天風呂は温泉ではないが、2種類の鉱石とハマナスの香り成分を活用し、リラックス効果を高めている。脱衣場のロッカーは有料となるが、リュックがすっぽりと入る大きさ。平日19時以降は、入浴料が780円に割引される。

🕘9〜22時（土曜は〜22時30分）　休無休　料880円（土・日曜、祝日は980円。19時以降は930円）

【泉質・泉温】ナトリウム・塩化物・炭酸水素塩泉・16.5度
【風呂の種類】内湯2（男1・女1）、露天2（男1・女1）、サウナ（高湯、低温）、岩盤浴（30分300円）
【その他の施設】食事処（11時〜20時30分）、休憩室、テラス席　P75台

欄外情報　札所前バス停から20分ほど日野沢川を遡上すると秩父華厳の滝がある。落差12mの小さな滝だが、赤い岩肌をバックに一直線に流れ落ちる様子は一見の価値がある。

皆野町と秩父市の境界にある標高627mの低山だが、展望が開けるため多くの登山者が訪れる。水潜寺は秩父三十四観音霊場の結寺。秩父市側から札立峠を経て水潜寺へ至る山道は巡礼道で、破風山の山頂を踏んでいく巡礼者も多い。登山適期は3〜11月。冬期も好天を選べば登山可能だが、水潜寺からの沢筋は凍結するので転倒に注意。

アドバイス 山頂北側の急坂を下り、関東ふれあいの道を行くと日帰り温泉施設・満願の湯に出られる。秩父温泉前バス停も近く、ここを発着点にして、周遊コースを組むこともできる。マイカーで周遊コースを歩くならば、満願の湯に許可をもらって駐車し、札所前バス停まで35分歩く。近年、熊の目撃情報があるのでクマ除け鈴を携行したい。

札立峠への登りに悪路あり
靴底の厚い靴で山中へ

　❶札所前バス停を降りて、三十三観音像が並ぶ参道を登り❷水潜寺へ。奥から本堂（観音堂）、納経所、百観音結願堂が横に並び、仏足石の近くにトイレもある。この先、下山道の桜ヶ谷地区までトイレはない。本堂脇の長命水は「水くぐりの岩屋」から引かれた清水で真夏でも冷たい。その昔、秩父三十

四観音霊場の巡礼者はこの岩屋で胎内くぐりを行い、身を清めてから俗世に戻ったという。

　静かに参拝したら、本堂前の階段を下りて沢を渡り、薄暗い杉林の中へ入る。そそり立つ巨石にロープを張った急坂を越え、巡礼者をねぎらう地蔵尊を見送ると本格的な登りが始まる。大岩や倒木が重なる沢を横目に、何度も土橋で沢を渡ると足元は石がゴロゴロし、水が染み出る悪路に変わる。うっそうと

ACCESS ◆ アクセス

【電車・バスで】行き：秩父鉄道皆野駅→皆野町営バス25分・230円→札所前　帰り：皆野駅。梵の湯から皆野駅までタクシーなら10分。
【車で】関越自動車道花園ICから国道140号・県道44・284号経由で約25km。梵の湯に許可をもらって駐車場に車を置き、皆野駅からバスで水潜寺へ出る。

HINT ◆ ヒント

池袋駅から皆野駅へのアクセス方法は2つ。東武東上線は寄居駅から秩父鉄道に乗り換え。西武池袋線は飯能駅で西武秩父線直通に乗り換え、終点の西武秩父駅から5分歩き、秩父鉄道御花畑駅に出る。土・日曜、祝日は西武池袋線飯能駅から秩父鉄道への直通電車が朝7時台と8時台に各1便ある。

CONTACT ◆ 問合せ先

皆野町産業観光課☎0494-62-1462
皆野町総務課（皆野町営バス）☎0494-62-1231
秩父鉄道（企画部）☎048-523-3313

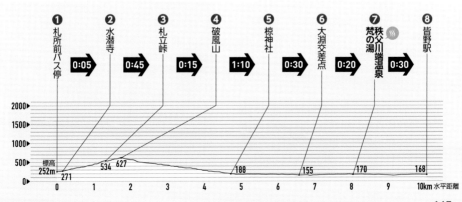

❶札所前バス停 → 0:05 → ❷水潜寺 → 0:45 → ❸札立峠 → 0:15 → ❹破風山 → 1:10 → ❺椋神社 → 0:30 → ❻大淵交差点 → 0:20 → ❼梵の湯 秩父川端温泉 → 0:30 → ❽皆野駅

標高252m / 271 / 534 / 627 / 188 / 155 / 170 / 168

2000 / 1500 / 1000 / 500 / 0　　10km 水平距離

←水潜寺本堂へ通じる参道に33体の観音像が並ぶ
↑札立峠への登山道では白装束の巡礼者と会うことも

した樹林の雰囲気も手伝い心細くも思うが、ほどなく沢筋を離れる。つづら折りの急登を終え、山腹を斜めに登ると❸札立峠（ふだたてとうげ）だ。

Ｙ字路のほぼ中間に古い石柱の道標が立ち、右は三十三番札所・菊水寺からの巡礼道、左は破風山の登山道。石柱の近くでは小さな観音像が微笑む。巡礼者のイラストとともに峠の由来を解説した案内板を見ると巡礼道であることを再認識する。クヌギ、コナラなどの雑木林をしばらく登ると野巻分岐。左の山頂へ向かいザレ場を登り詰め、視界が開けると❹破風山（はっぷさん）の山頂に到着。山頂表記と

三角点、赤い祠があるだけの狭いピークだが、展望はピカイチ。東南方向は遮るものがなく、秩父盆地の向こうに見える武甲山や雲取山など奥秩父の山並みが美しい。

▶ 分岐点の道標に注意しつつ 眺望自慢の桜ヶ谷コースを下る

山頂から野巻分岐まで戻ったら左へ進み、山腹を横断するように下る。一部、ロープを設けた滑りやすい場所があるので注意しよう。破風山休憩所からの道が合流し、大きな山道にぶつかったら右へ降りる。分岐手前に「破風山桜ヶ谷コース」の案内板があり、桜

秩父川端温泉 梵の湯の食事処

ピリッとした辛さが食欲をそそり、ボリュームもある石焼きビビンバ1000円（写真）やラーメン580円などの食事をはじめ、一品料理、アルコール類など50種類以上のメニューを用意している。食事処のテーブルやカウンターに限らず、50畳の大広間や荒川を臨むテラスでも料理が味わえる。
☎営休温泉施設のデータ参照

札立峠は大旱魃（かんばつ）の際札を立て雨乞いしたのが名の由来

桜ヶ谷集落へ向かう道は展望が開け、武甲山を望む

ヶ谷集落を目指す。一瞬、武甲山などを望める展望地に出るが、すぐに樹林の中に戻る。

　この先、2つの分岐は要注意。最初は無人直売所を右に見て坂を下り、舗装道に合流したら、少し下り右の山道に入る。木の根元に「椋宮橋」の案内板があるので見逃さないようにしよう。2つ目は再び、舗装道に出て右に無人直売所、左に「花と香りの森　桜ヶ谷」の木製看板が立つ三差路。舗装道沿いに立つ木の左脇から真ん中の農道を下る。

　そのまま桜ヶ谷集落に入り、観光トイレや墓地を過ぎると、三度、舗装道に出る。この後はだらだらとした下りが続くが眺望はよく、沿道に石仏なども立っている。秩父地方屈指の古社である❺椋神社を過ぎ、県道37

号との合流を左折。❻大淵交差点を右に入り、20分歩くと皆野寄居バイパスの新皆野橋の袂に❼秩父川端温泉 梵の湯がある。ゴールの❽皆野駅へは来た道を戻り、県道43号の皆野橋を右折する。徒歩30分ほどの道のり。
　　　　　　　　　　　（写真・文／内田　晃）

温泉

秩父温泉 満願の湯

大自然に囲まれた日帰り温泉。露天風呂からは清流と満願滝が望める。源泉はアルカリ性成分が高く、お肌はスベスベに。食事処は郷土料理の豚味噌丼やわらじカツ丼各980円が人気。☎0494-62-3026　料850円（土・日曜、祝日は1000円、平日17時以降650円）時10〜21時　休無休

札所前バス停❶　❷水潜寺（三十四番札所）　秩父温泉前　秩父温泉　秩父温泉 満願の湯　皆野町　親鼻橋　親鼻駅

大前山 653　破風山❹　札立峠❸　野巻分岐　関東ふれあいの道になっている　［椋宮橋］の道標、「花と香りの森 桜ヶ谷」の看板が目印の分岐続く　椋神社❺　大淵交差点❻　皆野橋　前原　栗谷瀬橋　皆野町役場　❽皆野駅

桜ヶ谷コース　集落を出るとあとは車道歩き　野巻　秩父川端温泉　新皆野橋　❼秩父川端温泉 梵の湯　食事処

N　1:50,000　500　1000m　1cm=500m　等高線は20mごと

埼玉県　秩父市

奈良川橋　和銅黒谷駅

「関東の吉野山」と古社寺を巡る中距離ハイキングコース

| 埼玉県 |
| 初級 |

標高

582m
［簑山］

標高差

登り： 414m
下り： 369m

総歩行距離

11.7km

歩行時間

3時間**35**分

難易度：体力
★★☆

難易度：技術
★☆☆

美の山公園から秩父霊場

簑神社へは杉林の中に真っ直ぐのびる長い石段を登っていく

↑小さな社から温泉が
注がれる内湯。
←建物は重厚な造り
で、館内の内装も昔の
ままに残されている

立ち寄り温泉 新木温泉 ☎0494-23-2641

新木鉱泉旅館

"卵水"の呼び名を持つつるつるの湯

創業200年の温泉旅館。秩父三十四観音霊場の四番札所金昌寺に近く、多くの巡礼者を迎えてきた。江戸時代発見の単純硫黄泉は、なめらかな肌ざわりから「卵水」と呼ばれる。男女別の内湯には大浴槽と樽風呂が各1つ。樽風呂には加温しない源泉が注がれ、水風呂の役目を果たす。露天風呂も2つの風呂が用意され、1つは一人用の陶器風呂だ。脱衣場ではリュックを床に置くが、貴重品ロッカーがあるので心配ない。

🕐立ち寄り湯12〜21時 🈺不定休 💴900円（土・日曜は1000円）
［泉質・泉温］ 単純硫黄泉・15.5度
［風呂の種類］ 内湯2（男1・女1）、露天2（男1・女1）
［その他の施設］ 客室14室（1泊2食付き1万2300円〜）、売店 🅿30台

欄外情報 語り伝えでは、長雨に苦しむ村人のために、知知夫国造（ちちぶのくにのみやつこ）が美の山で止雨（しう）の祭事を行った。その際、知知夫国造が着ていた簑を松にかけたことから「簑山」と名が付いたという。

ポイント 簑山（美の山）は秩父地域では珍しい独立峰で、4月上旬〜5月上旬には約70種・8000本の桜が咲くことから「関東の吉野山」と呼ばれる。4月下旬〜5月中旬にはヤマツツジ、6月下旬〜7月下旬にはアジサイも見られる。山頂は公園として整備され、展望台からは秩父盆地や奥秩父、外秩父の山々が一望できる。

アドバイス コースの大半は舗装道を歩くが、美の山公園への一部登りと二十三夜寺への下りは山道になる。足元はしっかり整えたい。コース上に食事をとれる店が少ないので、弁当や水も準備するとよい。コースと平行するように秩父鉄道が走り、歩き疲れた場合は和銅黒谷駅、大野原駅をゴールにして切り上げることもできる。

国道を越えると登山道がスタート
急勾配の舗装道はゆっくり登ろう

❶**皆野駅**の改札を出て、正面の通りを進む。鰻屋にぶつかったら、右に折れて最初の角を左へ。電柱の足元には小さいながらも「簑神社入口」と刻んだ石の道標があるので目印にしよう。町民運動公園のグラウンドを左に見て、国道140号を渡り、そのまま直進。小さな橋を渡り、右の川沿いを行くとま

もなく樹林の中に入る。

斜面に立つ民家を結ぶように、カーブを繰り返す舗装道はなかなかの急勾配。最初から飛ばさずに体を慣らしながら登っていこう。「五色の杜」の看板で舗装道は終わり、山道に変わる。枯れた枝葉が積もり、石がゴロゴロと転がる悪路も一部あるが、全体的には歩きやすいコースだ。

右に「山道（山頂）」、左に「簑山神社を経

ACCESS ◆ アクセス

【電車・バスで】行き：秩父鉄道皆野駅
帰り：金昌寺→西武観光バス17分・220円→西武秩父線西武秩父駅。
【車で】関越自動車道花園ICから国道140号・県道232号経由で約26km。縦走ルートなのでマイカーは適していないが、西武秩父駅前の駐車場に駐車して、秩父鉄道御花畑駅まで歩き、列車で皆野駅に出る方法はある。平日最大（8〜24時）1200円。土・日曜、祝日は最大（8〜24時）1500円。

HINT ◆ ヒント

秩父鉄道はSuicaやPASMOなどのIC乗車券が利用できない。切符を購入するので小銭を用意しよう。

CONTACT ◆ 問合せ先

皆野町産業観光課☎0494-62-1462
横瀬町振興課☎0494-25-0114
西武観光バス秩父営業所☎0494-22-1635
秩父鉄道（企画部）☎048-523-3313

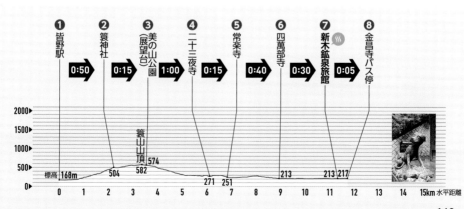

❶皆野駅 → 0:50 → ❷簑神社 → 0:15 → ❸美の山公園（展望台） → 1:00 → ❹二十三夜寺 → 0:15 → ❺常楽寺 → 0:40 → ❻四萬部寺 → 0:30 → ❼新木鉱泉旅館 → 0:05 → ❽金昌寺バス停

標高 168m 504 簑山山頂 582 574 271 251 213 213 217

2000▶ 1500▶ 1000▶ 500▶ 0▶

0 1 2 3 4 5 6 7 8 9 10 11 12 13 14 15km 水平距離

←美の山公園展望
台近くの広場から
外秩父方面を望む

↑美の山公園の展
望台。山名を書い
たパネルがある

て山頂へ」とある分岐を神社方面に進むと東屋があり、その先の右手に**❷簑神社**へ続く長い石段が見える。オオカミに似た狛犬に出迎えられ、参拝を済ませたら左へ。

　杉林から明るい丘陵に飛び出すと美の山公園のみはらし園地。さらに園路を榛名神社まで登ると、なだらかな道になる。ツツジ園地、桜の森、花の森、アジサイ園地を結ん

で、**❸美の山公園（展望台）**に到着。武甲山、大平山、両神山など秩父の山々が一望できる。展望台の周りは芝生やベンチがある広場で、一角に山頂標示の杭が立っている。

▶ 二十三夜寺への下りは山道の連続 コース後半は秩父霊場を訪ねる

　下山は管理棟方向に歩き、駐車場の先から「関東ふれあいの道　二十三夜寺2.8km」の道標が立つ山道へ入る。500mほどは軽くアップダウンするが、ほどなく下りが多くなる。いったん美の山集落に出て民家の脇から山道に戻る。イカリソウ群生地、富士浅間神

見る

和銅遺跡
（わどういせき）

1300余年前、この地から自然銅が採掘されたため、朝廷は喜び、元号を「慶雲」から「和銅」に改めた。日本最古の流通貨幣・和同開珎はこの銅で作られた。和銅遺跡には和銅露天彫り跡、和同開珎モニュメントがある。近くの聖神社は和銅鉱石や和銅製のムカデを神宝とする金運アップのパワースポットだ。

二十三夜寺へ向かう山道では一部急な下りもあるので注意

欄外情報　皆野町では毎年8月14日に「秩父音頭まつり」を開催。県内外の約70チームが踊りの腕前を披露する。美の山公園には現在の『秩父音頭』の歌詞を作った俳人・金子伊昔紅（いせきこう）の銅像が立っている。

二十三夜寺は秩父十三仏霊場の1つで勢至菩薩を祀っている

社などを経て、車道に合流。急な坂を上り、「二十三夜寺入口」の石標を左に入ると❹二十三夜寺に出る。聖徳太子が開いた草庵が前身とされる古刹で、本堂には行基が刻んだという勢至菩薩が祀られる。

　仁王門をくぐらずに右の道へ進み、落ち葉の積もる山道を抜けると、その先はずっと車道歩きだ。❺常楽寺を過ぎ、県道82号を右折すれば、その先は道に迷う心配はない。曽根峠バス停まで20分ほど登り、秩父市に入ると蛇行した下り坂になる。格子造りの和風旅館が見えたら、向かいに❻四萬部寺がある。秩父三十四観音霊場の一番札所らしく、

一番札所・四萬部寺の門前に立つ格子作りの和風旅館

境内には巡礼用品一式を揃えた売店がある。本堂は元禄10年（1697）の建築で、地獄と天国の欄間彫刻は見事だ。

　栃谷交差点を右折して県道11号に合流する。その先はひたすら県道を歩くと、左に❼新木鉱泉旅館の案内看板が立つ。ゴールの❽金昌寺バス停へは温泉から5分の距離で、郵便局が目印だ。金昌寺は秩父三十四観音霊場四番札所。喜多川歌麿が下絵を描いたと伝わる慈愛に満ちた子育て観音像がよく知られている。　　　　（写真・文／内田　晃）

長尾根丘陵

標高

414m
［パノラマの丘］

標高差

登り：**156**m
下り：**178**m

総歩行距離

11.6㎞

歩行時間

2時間**50**分

難易度：体力

★☆☆

難易度：技術

★☆☆

武甲山や秩父市街地を一望する展望台。地質の案内板や模型もある

↑人工温泉の温泉地は
定期的に変わる。この
日は北海道登別温泉
←温泉は露天の岩風呂
で。さらりとした肌触
りで長湯できる

立ち寄り温泉 西武秩父駅前温泉　☎0494-22-7111

西武秩父駅前温泉 祭の湯

週末は宿泊OKで早立ちの前泊に便利

西武秩父駅に隣接。男女別の内湯と露天風呂では、地下2000mから湧く温泉や全国の名湯を入浴剤で表現した人工温泉、高濃度人工炭酸泉など、さまざまな湯が楽しめる。館内にレストランがあるほか、2時間以内の再入場が可能なので、隣接のフードコートで食事も楽しめる。リュックを収納できる無料の大型ロッカーは入館時にフロントで申し出るとカギを貸してくれる。

🕐10〜23時（土・日曜、祝日、宿泊日翌日は朝風呂6〜9時あり）　🚫無休
💰990円〜（土・日曜、祝日、特定日は1100円〜）
[泉質・泉温] 含よう素-ナトリウム-塩化物冷鉱泉・22度
[風呂の種類] 内湯2（男1・女1）、露天2（男1・女1）、岩盤浴
[その他の施設] 休憩室、食堂、売店など　🅿39台

欄外情報「西武秩父駅前温泉 祭の湯」隣接のフードコートでは、わらじかつ丼、秩父味噌ラーメン、炙り豚味噌丼、秩父そば、武蔵野うどんなどが味わえる。

荒川を渡ると始まる上り坂
長い道のりなのでのんびりと

スタートは**❶影森駅**。最初の通りを右に進み、最初の信号を左折する。影森中学校を過ぎたら、最初の信号を左へ。ここから**❷巴川橋**まではゆるやかな下りが続く。

長さ135mの巴川橋を渡ると、ゆるやかな上り坂の始まり。先は長いので、左側にそびえる秩父のシンボル・武甲山を眺めながら、ゆっくりと登ろう。温泉旅館の巴川荘が立つ交差点を右に曲がると、一段と勾配がきつくなる。本コースでは秩父三十四観音霊場の宝林院から左の巡礼道に入り、車道をショートカットするが、日本酒好きならば道なりに進んで「秩父錦 酒づくりの森」に寄り道してもよい。酒蔵資料館では酒造りの歴史が学べ、地酒「秩父錦」を揃えた売店もある。

県道に出たら、左に曲がる。ここから500mは頑張りどころで、急坂を登り切ると**❸秩父ミューズパーク南口**に到着だ。

ACCESS ◆ アクセス

【電車・バスで】行き：秩父鉄道影森駅 ※西武池袋線・秩父線を利用する場合は、西武秩父駅から秩父鉄道御花畑駅まで3分ほど歩く
帰り：西武秩父駅。
【車で】関越自動車道嵐山小川ICから国道140号経由で約37km。影森駅の周辺には駐車場がないので、西武秩父駅前の有料駐車場に駐車して、秩父鉄道を利用するのがベスト。

HINT ◆ ヒント

土・日曜、祝日には西武池袋線飯能駅から秩父鉄道直通列車が7・8時台に各1便ある。これを利用すると、影森駅まで乗り換えなしで行ける。

CONTACT ◆ 問合せ先

秩父観光協会☎0494-21-2277
秩父ミューズパーク☎0494-25-1315
秩父鉄道（企画課）☎048-523-3313
西武鉄道お客さまセンター☎04-2996-2888

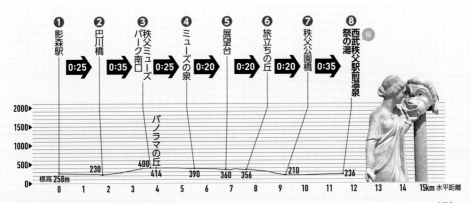

←スカイトレインは公園内5つの停留所で乗降できる
↑ミューズの泉。飛び石を伝って円柱が立つ高台まで行ける

ほぼ平坦で快適なスカイロード 秋のイチョウ並木は必見！

　南口の管理事務所でガイドマップを入手したら、園内のメインストリートであるスカイロードを歩きだそう。煉瓦を敷き詰めた平坦な道で、スイセン広場を過ぎるとイチョウ並木が始まる。園内全体で約500本のイチョウが植栽され、秋の黄葉がすばらしい。パノラマの丘、昆虫の森、流れるプール、テニスコートを経て**❹ミューズの泉**へ。ギリシャ神殿をイメージした噴水で、奥には学問と芸術を司る9人のミューズ（女神）像がたたずんでいる。ベンチもあるので小休止していこう。

　この先、公園内には**❺展望台**、**❻旅立ちの丘**とビューポイントが続く。日中の大パノラマはもちろん、運が良ければ日の出から7時くらいまで雲海が見られる。前日が雨で湿度が高く、翌日に晴れる日に発生する可能性が高いそうだ。展望ちびっこ広場の先から下り坂が始まり、秩父三十四観音霊場の音楽寺、百花園と結んで**❼秩父公園橋**を渡る。

　ゆるやかな坂を1kmほど登り、秩父駅入口交差点を右折。この通りは中山道と甲州街道の間道であった、かつての秩父往還で歴史ある商家が点在する。秩父地方庁舎（北）交差点を左折して、秩父鉄道の踏切を渡ると

レンタルの変わり自転車でスカイロードを走る家族連れも多い

秩父で誕生した卒業式ソング「旅立ちの日」が流れる旅立ちの丘

秩父往還では明治時代に建てられた商家や商人宿などが見られる

食べる

名物秩父そば　立花

そばの黒い粒が表面に浮かぶ二八そばは香りが立ち、のど越しも最高。三元豚を使った秩父名物「わらじかつ」のミニ丼が付く、カツざる1440円（写真）はボリュームがあり、ハイカーに人気だ。

☎0494-24-5665
11〜18時　⊗木曜（祝日の場合は営業）

❽**西武秩父駅前温泉　祭の湯**はもうすぐ。温泉で汗を流し、元気になったら西武秩父駅から家路につこう。　　　（写真・文／内田　晃）

埼玉県

初級

標高
771m
[四阿屋山]

標高差
登り **467**m
下り **467**m

総歩行距離
5.5km

歩行時間
3時間**18**分

難易度：体力
★☆☆

難易度：技術
★★★

四阿屋山
（あずまやさん）

クサリ場をよじ登った四阿屋山頂上では、両神山を間近に望む絶景が待っている

↑大理石の浴槽は超音波とバイブラの機能付き。一度に40人が入浴できる

←道の駅でもあり、別棟には両神農林産物直売所やそば打ち体験施設がある

立ち寄り温泉 両 神温泉（りょうかみおんせん） ☎0494-79-1533

両神温泉 薬師の湯
（りょうかみおんせん やくしのゆ）

地元の常連客も多い町営の温泉

小鹿野町営の日帰り温泉施設。「道の駅両神温泉 薬師の湯」の中心施設でもある。男女別の展望浴場は2階にあり、大きな窓の向こうに山里風景が広がる。pH9.2の温泉は浴槽の中で体をさするとツルッとした感触。湯上がり後は90畳と48畳の無料休憩室（広間）や有料の個室でくつろげる。手打ちそば、うどんが好評な食事処、マッサージ機を置いた健康休憩室などもあり、1日過ごす地元の常連客も多い。

⏰10～20時 　休火曜（祝日の場合は翌日） 　料600円
【泉質・泉温】 温泉法上の温泉（ふっ素・メタほう酸）・24.3度
【風呂の種類】 内湯2（男1・女1）
【その他の施設】 大広間、中広間、食事処（10時30分～17時。土・日曜、祝日は～18時30分）、個室（1時間1000円）
🅿90台

156

欄外情報 「道の駅両神温泉 薬師の湯」の農林産物直売所では土・日曜限定で両神まんじゅうを販売。秩父特産のしゃくし菜などを餡にしたもので、登山のお供にも役立つ。5個500円。

花や紅葉が彩る快適な山道も頂上直下のクサリ場は慎重に

❶薬師堂バス停から風格ある山門をくぐって、薬師堂を参拝する。里宮である左側の両神神社を合わせて詣でたら、右側の車道に出て左へ向かう。花ショウブ園の先から左側の坂を下り、キャンプ場を抜けると、本格的な登山道がスタート。杉林の尾根にとりつき、❷山腹駐車場の手前で車道に出たら、

右手に少し下って再び樹林に入る。

小さな祠と92番鉄塔を過ぎ、山居分岐を「展望広場・四阿屋山」方面へ。次の展望場分岐を左へ進むと、切妻屋根の❸展望休憩所（展望広場）に着く。東南方面の視界が開け、武甲山、大持山などの山々が望める。フクジュソウ園地を右に見て木段を登り、杉林の急坂に入る。登り詰めた先に❹両神神社奥社が待つ。奥社の左脇を通り、「急坂に

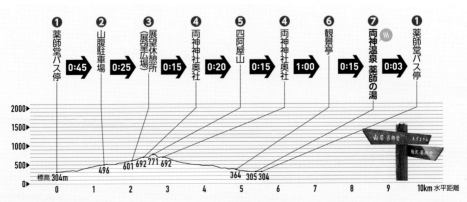

❶薬師堂バス停　0:45　❷山腹駐車場　0:25　❸展望休憩所（展望広場）　0:15　❹両神神社奥社　0:20　❺四阿屋山　0:15　❹両神神社奥社　1:00　❻観景亭　0:15　❼両神温泉薬師の湯　0:03　❶薬師堂バス停

2000▶　1500▶　1000▶　500▶　0▶

標高 304m　496　601 692 771 692　364　305 304　10km 水平距離

0　1　2　3　4　5　6　7　8　9

←両神神社奥社。頂上は狭いので大休止するならここがよい
↑頂上直下のクサリ場。とくに下りは足場を確認して慎重に

つき登山禁止」の看板を過ぎると岩場の急登になる。クサリ場が続くので注意して登ろう。林を抜けると❺四阿屋山（あずまやさん）の山頂に到着。西側の展望が開け、両神山や群馬県境の二子山方面が望める。

　先ほどのクサリ場を慎重に下り、❹両神神社奥社（りょうかみじんじゃおくしゃ）まで戻ったら、社殿前の分岐を「柏沢・薬師堂」方面へ下りる。このルートが鳥居山コースで、しばらく杉林の急降下が続く。山居分岐を過ぎて、薬師堂分岐に出たら右へ。眺望の良い93番鉄塔を過ぎると、小さなアップダウンを繰り返す尾根歩きになり、中国様式の❻観景亭（かんけいてい）（展望台）に出る。車道に出て左に曲がれば薬師堂バス停。ここから3分ほどで❼両神温泉 薬師の湯（りょうかみおんせん やくしのゆ）だ。薬

師堂近くの国民宿舎 両神荘でも同じ源泉の立ち寄り湯が楽しめるので、薬師の湯の定休日には重宝する。　　　（写真・文／内田　晃）

温泉

国民宿舎 両神荘

"美肌の湯"を大浴場と露天風呂で堪能。館内レストランで1000円以上の昼食をとると入浴料が半額に。☎0494-79-1221 料立ち寄り湯800円（火曜は600円）、1泊2食付き8950円〜 営11時30分〜20時（休前日・混雑時は〜15時）休不定休

柏沢
小鹿野・秩父　両神神社
両神温泉
何度か「山道」との分岐があるが、「薬師堂」を目指す
観景亭❻ 0:15
植林のピーク
国民宿舎 両神荘
❶薬師堂バス停
93番鉄塔下から双子山方面の展望
卍薬師堂
直登コースは登山禁止
薬師堂分岐 フクジュソウ園地
両神神社奥社❹
山居分岐
鳥居山コース
1:20 1:00
0:15 卍
道の駅両神温泉薬師の湯
花ショウブ園
P
❼両神温泉 薬師の湯 卍
小さな社を過ぎ、木の鳥居をくぐる 0:35
車道左側の坂を下りる
埼玉県
四阿屋山❺ 771
0:15
92番鉄塔
P ❷山腹駐車場
0:45
小鹿野町
小森
媒田
山居
フクジュソウ園地
見透
山田
0:20 0:10 0:15
●456
❸展望休憩所（展望広場）
原沢
原
●316
アカヤシオ
ツツジ新道
クサリ場続く
クサリ場多く、上級者向き
押留
間庭
小鹿
三峰口

N

1:25,000
0　　　250　　　500m
1cm=250m
等高線は10mごと

日向山
（ひなたやま）

埼玉県	
入門	

標高

633m
［日向山］

標高差

登り： **323**m
下り： **405**m

総歩行距離

7.9 km

歩行時間

3 時間

難易度：体力

★☆☆

難易度：技術

★☆☆

日向山の山頂は南側が開け、目前に武甲山、武川岳などが目前に迫る

立ち寄り温泉 ▶ 武甲温泉（ぶこう） ☎0494-25-5151

秩父湯元 武甲温泉
（ちちぶゆもと ぶこうおんせん）

地元の人たちにも好評な"美肌の湯"

横瀬川沿いにある日帰り入浴施設。秩父のシンボル・武甲山から下山した登山者の利用も多い。大浴場にはジェットバス付きの大浴槽と炭酸風呂、サウナが揃い、露天風呂に出られる。男性用は六角形の檜風呂、女性は岩風呂になっている。脱衣場には脱衣カゴが並び、ロッカーは有料。館内の食事処では、しっかりとお腹を満たせる定食類をはじめ、そば、うどん、みそおでんなどを提供する。生ビールはピッチャーも用意。敷地内に離れ形式の宿泊施設「武甲の湯別館」がある。

↑露天風呂に注ぐ温泉は"美肌の湯"といわれる単純硫黄泉
→秩父の名店から仕入れる手打ちそば。週末は品切れも

🕐10〜22時 📅無休 💰700円（土・日曜、祝日は900円）
【泉質・泉温】 単純硫黄泉・23.1度
【風呂の種類】 内湯2（男1・女1）、露天2（男1・女1）
【その他の施設】 大広間、食事処（11〜20時）・喫茶、売店など 🅿100台

欄外情報 あしがくぼ果樹公園村では、いちご（1月上旬〜6月上旬）、プラム（7月上旬〜8月中旬）、ぶどう（8月中旬〜10月中旬）などのフルーツ狩りが楽しめる。☎0494-25-0450（横瀬町ブコーさん観光案内所）

果樹園から眺める秩父の山々 雑木林の下りも気持ちいい

スタートは**❶芦ヶ久保駅**から。改札前を左に進むと、道の駅果樹公園あしがくぼがある。焼きたてパンが店頭に出揃うのは昼近くだが、直売所は9時に開店。季節の果物や菓子類を旅のお供に買い求めるのもよい。

果樹公園橋を渡り、国道299号を右へ。舟乗観音を祀る茂林寺の手前、左の急坂を登る。この先は果樹農園が集まるあしがくぼ果樹公園村で分岐が続くが、「農村公園」を目指す。道標に従い左の杉林へ入ると**❷農村公園**。ショウブ池、ローラー滑り台を見て園内を通過し、公衆トイレの前から坂道を登ると車道に出る。左に曲がり、消防団器具置場を過ぎ、少し登ると果樹園を縦断する山道が右に見える。キウイ棚のトンネルが目印。

果樹園の中を登り、振り返ると武甲山が男性的な山容を見せる。本コース屈指のビューポイントだ。車道を渡って、木段の坂道をもうひと頑張りすると**❸日向山**の山頂。雑木林の中に山頂表示と方位盤が立つ、小さな広場になっていて南側の展望が開けている。

山頂の展望を楽しんだら、雑木林の尾根を

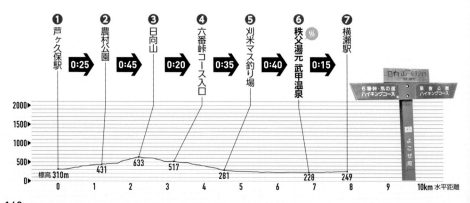

←日向山への登りはキウイ棚の下を歩くところも
↑雑木林を下る六番峠コース。小さな沢を横切る

下る。防獣ネットを開閉して通り、琴平神社の参道を下って車道を右へ。その先、左の杉林へ山道が続く二股道が**❹六番峠コース入口**。緑色の道標が立つので、注意していれば見逃さない。山道を歩き、イノシシ飼育場の先で右手の雑木林へ入れば**❺刈米マス釣り場**までは一本道だ。山道はここで終わり、その先はずっと車道を歩く。

秩父三十四観音霊場の六番札所・卜雲寺、七番札所・法長寺を参拝しつつ、横瀬川を渡って国道299号に合流。秩父方面へ進むと、右に**❻秩父湯元 武甲温泉**の案内板が出てくる。温泉までのゆるやかな坂道を往復して、その先の横瀬町役場前交差点を左折すると、

5分ほどで**❼横瀬駅**に到着する。

（写真・文／内田 晃）

買う ¥

道の駅果樹公園あしがくぼ

農産物直売所、食堂、体験施設（そば・うどん打ち、陶芸）などからなる。直売所ではネギや青じそを混ぜ、小麦粉の生地を薄く焼いたたらし焼き120円（写真）、手作りクッキーなどを販売。
☎0494-21-0299
営9〜17時（施設により異なる）休無休

1:25,000
250　500m
1cm=250m
等高線は10mごと

榛名湖と外輪山を眺めながらの快適な尾根歩きコース

群馬県

中級

榛名外輪山

はるながいりんざん

標高
1411m ［相馬山］

標高差
登り: **294**m
下り: **326**m

総歩行距離
9.3km

歩行時間
4時間**55**分

難易度：体力
★★☆

難易度：技術
★★☆

松之沢峠上部の尾根からは榛名湖、榛名富士、最高峰の掃部ヶ岳、天目山などが一望できる

↑女性用の内湯。男女とも外に榛名湖が望める露天風呂もある
←榛名富士の麓の湖岸に立つモダンな外観。手前が浴場棟になっている

立ち寄り温泉 ▶ 榛名湖温泉 ☎027-374-9211

はるなこ

榛名湖温泉ゆうすげ元湯

はるなこおんせん　もとゆ

湖畔に立つ公共の宿で立ち寄り湯

榛名湖畔に立つ温泉宿泊施設で、全室レークビューの本館のほか1棟貸切形式の温泉付きコテージも5棟備え、リーズナブルな料金設定も人気の公共の宿。風呂は男女別にサウナ付き内湯と榛名湖を望む露天風呂があり、加温かけ流しの温泉が堪能できる。立ち寄り湯も長時間受け付けてくれるし、昼間は大広間で休憩もでき、登山後の疲れを癒やすのに絶好の施設だ。

🕐立ち寄り湯10時30分〜21時（水曜または木曜は15時〜）
🈂無休　💴520円（日曜、祝日は730円）
[泉質・泉温] ナトリウム・マグネシウム・カルシウム-塩化物・硫酸塩泉・37.8度
[風呂の種類] 内湯2（男1・女1）、露天2（男1・女1）
[その他の施設] 大広間、レストラン（11〜14時）、売店、客室26室（1泊2食付き1万570円〜）　🅿70台

 欄外情報　木道が整備された「ゆうすげ園」は花の宝庫。特に6月のヤマツツジとレンゲツツジ、7月中旬〜8月中旬のユウスゲ、8月中旬〜9月中旬のマツムシソウ、9月下旬〜10月中旬のススキの頃の散策が最高だ。

ポイント 「関東ふれあいの道」として整備されているので標識も完備し、磨墨岩（するすいわ）と相馬山を除けば家族連れも楽しめるコース。榛名湖や烏帽子ヶ岳、榛名富士、相馬山などを望めるのが魅力だ。磨墨岩に登れば大パノラマが楽しめるが、初心者は避けたほうが無難。本書では相馬山から磨墨峠まで戻り、ゆうすげ園を歩いて湖畔に出るコースをとった。

アドバイス 天神峠から氷室山へはいきなりの急勾配の木製階段になるので、最初のうちはゆっくりと登ることをおすすめする。コース上にはこれといった危険な場所はないが、磨墨岩に登ってみる場合や、相馬山の登りで、クサリ場やハシゴが架かる場所を通る際は両手が使えるようにしておくこと。なお、途中には茶店やトイレ、水場もない。

天神峠から氷室山、天目山までは樹林の中の急な木製階段が続く

スタートは榛名湖手前の尾根上にある**❶天神峠バス停**（じんとうげてい）から。山に向かって舗装の道路を上がる広場になっていて、「関東ふれあいの道」の看板と標識が立ち、ここから登山道に入る。まもなく急斜面の雑木林の中に直線的にのびる木段が現れる。いきなりの急登でひと汗かくと、榛名湖と榛名富士、烏帽子ヶ岳

の展望地があり、その上が氷室山の頂上だ。樹林の中で視界は開けない。ここからまた急な木段を下り切ると、雑木林に下笹が美しい尾根歩きになる。再び急登すると次のピークが**❷天目山**（てんもくざん）。ベンチがあり、相馬山の鋭い山容が顔をのぞかせている。

天目山からの下りから正面に見える相馬山の山容が印象的。木段が終わったところにも榛名湖と烏帽子ヶ岳、榛名富士の好展望地が

ACCESS ◆ アクセス

【電車・バスで】行き：JR高崎線高崎駅（西口）→群馬バス1時間18分・1330円→天神峠
帰り：榛名湖温泉ゆうすげ→渋川市コミュニティバス（群馬バス）5分・150円→榛名湖畔（乗り換え）→群馬バス1時間25分・1330円→高崎駅（西口）。
【車で】関越自動車道渋川伊香保ICから国道17号・県道33号経由で約22km。榛名湖畔バス停近く、観光案内所の前や背後に広い無料駐車場がある。

HINT ◆ ヒント

高崎駅（西口）から榛名湖行きバスは8時台（平日は7時台）から1時間に1本しかないので、可能な限り早い時間に乗車したい。榛名湖温泉ゆうすげからのバスは伊香保温泉行きなので、事前に榛名湖畔での接続時間の確認をしておく必要がある。

CONTACT ◆ 問合せ先

高崎市榛名支所☎027-374-5111
群馬バス総合バスセンター☎027-371-8588

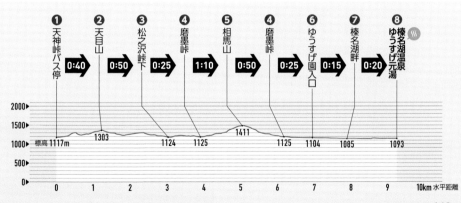

❶天神峠バス停 ―0:40→ ❷天目山 ―0:50→ ❸松之沢峠下 ―0:25→ ❹磨墨峠 ―1:10→ ❺相馬山 ―0:50→ ❹磨墨峠 ―0:25→ ❻ゆうすげ園入口 ―0:15→ ❼榛名湖畔 ―0:20→ ❽榛名湖温泉ゆうすげ元湯

標高 1117m ／ 1303 ／ 1124 ／ 1125 ／ 1411 ／ 1125 ／ 1104 ／ 1085 ／ 1093

2000▶ 1500▶ 1000▶ 500▶ 0▶

0　1　2　3　4　5　6　7　8　9　10km 水平距離

↑木製の階段が一直線にのびる氷室山への急登
←天目山下から見た榛名湖と烏帽子ヶ岳、榛名富士
→ベンチのある天目山からは相馬山の岩峰も見える

ある。ここから先の下笹と雑木林の道も美しい。七曲峠で舗装路を横切り、再び尾根道へ。夏にはアザミの花が咲く小さなピークを越えると、次の舗装路が❸松之沢峠下。再度車道を横切り、ガードレール沿いに少し歩いて木段の登山道に入る。尾根上に出ると急に視界が開け、振り返ると右から榛名富士、榛名湖の向こうに榛名連山の最高峰の掃部ヶ岳、そして歩いてきた天目山から氷室山方面のパノラマが広がる。ベンチもあるのでゆっくり休みたい。この先で林間に入り、磨墨岩を巻くように下っていく。磨墨岩への道は急登で荒れ気味だが、路面が乾いた好天の日にはぜひ登ってみたい。往復20分ほどだ。下り切ったところがゆうすげ園への道が分岐する❹磨墨峠で、さらに尾根道を登ると休憩舎があり、振り返ると磨墨岩の全容が望める。

▶ 磨墨峠から相馬山を往復し、ゆうすげ園を抜けて榛名湖畔へ

磨墨峠の休憩舎で時間を確認してみて、余裕がなければ相馬山は割愛し、ここからゆうすげ園に出たほうがいいだろう。

尾根道は雑木林の中に入り、急な石段になる。登り切るとまもなく赤い鳥居が立つ相馬山登山道とヤセオネ峠の分岐。相馬山は榛名連山の中でも特異な山容がひときわ目を引く

信仰の山として知られ、苔むしてすり減った石段や、献碑の多さが登拝の盛んな様子を偲ばせる。それだけに険しい登りで、随所にクサリやハシゴが架かる岩場もある。一気に視界が開ける❺相馬山の山頂には黒髪山神社、大きな石灯篭や数多くの献碑が立ち並ぶ。快晴ならば前橋や高崎市街を眼下に、浅間山や八ヶ岳、日光連山などが望める。

相馬山まで行くとけっこう時間がかかるので、帰りの時間に余裕がない場合はヤセオネ峠に出て、バスの時間に合わせて榛名湖温泉に向かうプランも一考だ。また、遅くなった場合はバスで伊香保温泉に下り、石段脇の共同浴場「石段の湯」で汗を流してから、渋川駅に出ることも考えておきたい。赤い鳥居前からヤセオネ峠バス停へは徒歩15分ほど。

このプランでは❹磨墨峠まで戻り、ゆうすげ園へ向かうことにする。すぐに園地の外れに出て、榛名富士を正面に望みながら木道

信仰登山の歴史を刻む相馬山では大パノラマが広がる

を歩く。初夏のツツジ、夏のユウスゲ、晩夏から初秋はマツムシソウなどが次々に咲き、秋はススキが美しい散策路で、花好きの人はここで時間をとりたいところだ。**⑥ゆうすげ園入口**から車道を横切り、「昭和天皇行幸の道」の標識に導かれて、榛名富士の麓に出る樹林の中の遊歩道へ。行楽客でにぎわうロープウェイ下で車道に出て、**⑦榛名湖畔**からは湖岸沿いの遊歩道を**⑧榛名湖温泉ゆうすげ元湯**に向かう。この道も氷室山から天目山の稜線が見えたり、湖畔に降りられる場所もある楽しい道である。（写真・文／飯出敏夫）

磨墨峠上の休憩舎付近から望む磨墨岩

初夏から初秋は花、秋はススキが美しい「ゆうすげ園」

買う　　　　　¥

榛名湖みやげ

榛名湖の名産といえばワカサギ。どこの売店でもワカサギの佃煮を買うことができる。もう1つのみやげが梅製品。榛名山麓は全国有数の梅の産地で、梅干しをはじめいろいろな商品が並ぶ。写真は榛名湖温泉ゆうすげ元湯の売店にある商品で、ワカサギの佃煮（大170g1080円）と蜂蜜入り梅干しの「榛名路」（210g550円）。

群馬県

入門

標高
682m
［熊ノ平］

標高差
登り: **295**m
下り: **295**m

総歩行距離
12.5km

歩行時間
3時間**10**分

難易度：体力
★☆☆

難易度：技術
★☆☆

碓氷峠アプトの道

めがね橋は高さ31m、長さ91m。レンガ造りのアーチ橋では日本最大だ

↑妙義山を一望する「霧積」の露天風呂。奥が寝湯になっている
←「碓氷」の露天風呂はひょうたん型。奥に陶器製壺風呂がある

立ち寄り温泉 東 軽井沢温泉 ☎027-380-4000

峠の湯

風景の異なる2つの風呂を週替わりで

碓氷峠の森公園交流館内にある。2階フロアの大浴場は「碓氷」と「霧積」に分かれ、週ごとに男女が入れ替わる。それぞれ内湯と露天風呂があり、碓氷からは妙義山、霧積からは霧積の山々が望める。温泉は無色透明で、なめらかな肌触り。入浴後は畳敷きの広間や椅子席で休め、上州牛ローストビーフ丼などの食事もとれる。脱衣場のロッカーは小さいため、大きなリュックはフロントで預かってくれる。

🕐10〜21時　🈂第2・4火曜（祝日の場合は翌日）　🉑3時間600円〜
[泉質・泉温] ナトリウム-炭酸水素塩・塩化物泉・31.8度
[風呂の種類] 内湯2（男1・女1）、露天2（男1・女1）
[その他の施設] 家族風呂付き休憩個室2（3時間3500円〜）、休憩室、食事処（10〜20時LO）　🅿100台

欄外情報 横川駅から峠の湯まで並行するトロッコ列車は3〜11月の土・日曜、祝日（8月は毎日）に運行。往復900円（別途碓氷鉄道文化むら入園料500円）

ポイント 平成9年の長野新幹線の開通により、JR信越本線の横川－軽井沢間は廃線となった。このうち、横川－熊ノ平間の廃線跡を遊歩道として整備したのが「碓氷峠アプトの道」だ。アプトとは2本のレールの中央に歯形のレールを敷き、列車の歯車をかみ合わせて急勾配を登るラック式鉄道の方式のこと。遊歩道の往路は登り、復路は下りのみで、複数のトンネルや橋梁を渡る。

アドバイス すべて舗装道を歩くので足元は運動靴で充分。トイレと自販機（飲み物）は碓氷湖の駐車場が最後なので、必要に応じて利用しよう。最も注意したいのはトンネル内の照明時間で、18時に消灯される。最長の6号トンネルは546mだ。消灯後は真っ暗闇となり、とても危険だ。季節により虫除け対策と熊出没の注意書きもあるので熊鈴を携帯すると心強い。

鉄道史に残る鉄道車両や
中山道の関所を見て歩く

❶**横川駅**（よこかわえき）での改札を抜けたら、正面の建物に注目してみたい。全国区の知名度を誇る「おぎのや本店」で、益子焼の器に炊き込みご飯と惣菜を詰めた人気駅弁「峠の釜めし」はここで生まれた。駅舎を背にして、左側に進むと碓氷峠鉄道文化むらが見える。信越本線の横川－碓氷間を走ったアプト式電気機関車や蒸気機関車、寝台車など30以上の鉄道車両が展示され、実際の電気機関車を運転できる体験もあり、鉄道好きには堪えられない。

施設の右側から碓氷峠アプトの道が始まる。この先、峠の湯まではトロッコ列車の線路を左側に見ながら歩く。江戸幕府が設けた中山道の❷**碓氷関所跡**（うすいせきしょあと）に寄り道して、県道

ACCESS ◆ アクセス

【電車・バスで】行き・帰り：JR信越本線横川駅
【車で】上信越松井田妙義ICから県道51号・国道18号経由で約4.7km。横川駅近くに碓氷峠鉄道文化むらの駐車場があり、入園者は無料で利用できる。土・日曜、祝日には園内のトロッコ列車が峠の湯まで運行される。片道約3kmの歩行距離を短縮したい人や、温泉入浴後に歩きたくないという人は乗車するとよいだろう。

HINT ◆ ヒント

横川駅へは高崎駅でJR信越本線に乗り換えて30分ほど。ほぼ1時間に1便なので、事前に発車時刻を調べておこう。7・9・10・11月の期間限定ながら、北陸新幹線軽井沢駅と横川駅を結ぶ路線バスが1日9往復運行される。

CONTACT ◆ 問合せ先

安中市商工観光課☎027-382-1111
碓氷峠鉄道文化むら☎027-380-4163

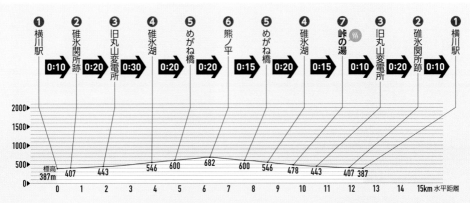

←レールを埋設した遊歩道から上信越自動車道の斜張橋を見上げる
↑明治44年（1911）築の旧丸山変電所。翌年、電気機関車が運行した

92号を過ぎると、遊歩道に2本のレールが埋めてあり、廃線跡を歩いていることが実感できる。

▶ 日本の建築技術を結集した芸術的なアーチ橋に感動

斜張橋を見上げながら上信越自動車をくぐると、ほどなく❸旧丸山川変電所。碓氷峠を行き来する列車に電気を供給したレンガ造りの機械室棟と蓄電池室が並んで立っている。霧積川を渡り、トロッコ列車の線路をくぐると峠の湯に出る。

トロッコ列車とうげのゆ駅を横目に歩き、県道をくぐると、第1トンネルが待っている。続けて2号トンネルを抜けると、左側に❹碓氷湖が見える。中尾川と碓氷川の合流点に設けた坂本ダムにより誕生した人工湖で、水面を眺めながらの小休止にちょうど良い。

アプトの道に戻り、先に進むと次第に勾配がきつくなる。3・4・5号と3つのトンネルを通過すると本コースのメインスポット❺めがね橋の上に出る。明治25年（1892）に完成した4連アーチ鉄道橋で、200万8000個のレンガを使用している。橋の上からの眺望もよいが、対岸の右側にある遊歩道を下りて、見上げた景観がすばらしい。

この先に待つのは6号トンネル。長さ546m。蒸気機関車が走っていた頃はトンネル内に煤煙がこもり、運転手や乗客を苦し

碓氷湖の周りには約1.2kmの遊歩道があり、20分ほどで一周できる

最長の6号トンネル。こちらもレンガ積みで造られている

変電所やプラットホームが残る熊ノ平が折り返しとなる

玉屋ドライブイン

創業250余年。刎石山の茶屋から始まり、熊ノ平駅を経て、現在地に移転した。江戸時代から碓氷峠には峠越えの旅人に元気を与えた名物「力もち」があり、その味を今に伝えている。当日についた餅を一口サイズに丸め、上品な甘さのこしあんで包んである。一皿370円。持ち帰りは12個580円〜。☎027-395-2457　⏰9〜17時　休不定休

めたという。その対策として、トンネル内には天井と側壁に排煙口を設けた場所が3カ所もある。さらに4つのトンネルを過ぎると❻**熊ノ平**に到着だ。かつては熊の平駅があり、開通当時の単線時代はここで上下線の列車が待ち合わせた。帰路は来た道をひたすら戻るが、下り坂なので苦にならない。❼**峠の湯**で汗を流したら、ゴールの横川駅までは徒歩40分ほどだ。

（写真・文／内田　晃）

霧積温泉

旧中山道

めがね橋 ❺

5本のトンネルが続く

碓氷湖 ❹

最長6号を含み5本のトンネルをくぐる

こから折返す

熊ノ平

熊ノ平 ❻

0:15
0:20

えめがね橋

めがね橋駐車場

0:20

0:15

玉屋ドライブイン

とうげのゆ駅

N

1:43,400

0   500   1000m

1cm=434m
等高線は20mごと

18

エ熊ノ平

国道18号

ゆるやかな登り。
トロッコ列車の線路が併走する

坂本宿

峠の湯 ❼

0:15
0:10

❸旧丸山変電所

上信越道をくぐる

小根山
森林公園

群馬県

安中市

中山道の旧宿場町。
まっすぐな坂道沿いに家が並ぶ。
旅籠の建物なども残る

0:20

碓氷関所跡 ❷

横川SA

18

0:10

❶横川駅

JR信越本線

碓氷峠
鉄道文化むら

P

→高崎

18

碓氷軽井沢IC

初級者からベテランまでも魅了する岩峰の山

栃木県

初級

標高

583m
[古賀志山]

標高差

登り： **423**m
下り： **405**m

総歩行距離

10.8km

歩行時間

4時間**10**分

難易度：体力

★★☆

難易度：技術

★★☆

古賀志山

コース上でもっとも展望がいいのが御嶽山。正面に日光連山が美しく望める

↑手前から源泉かけ流しの檜風呂、マッサージバス、奥が主浴槽
←主浴槽脇から外に出ると、森に臨む開放感満点の露天風呂もある

立ち寄り温泉 ▶ 鹿沼温泉 ☎0289-65-1131

鹿沼温泉 華ゆらり

源泉かけ流しの檜風呂と露天風呂が好評

「ニューサンピア栃木」内にある浴場だが、宿泊客とは別に入場口を設けて、日帰り入浴の対応をしているので利用しやすい。男女別の大浴場には、それぞれ主浴槽、マッサージバス、源泉かけ流しの檜風呂、ミストサウナがあり、森に面した露天風呂も完備。広々とした休憩室＆軽食コーナーは長時間営業で、リーズナブルなメニューが揃う。手もみ整体やアロマエステもあり、ホテル内のレストランや売店も利用可能だ。

🕙10〜22時　🈳無休　💰550円
【泉質・泉温】アルカリ性単純温泉・39.8度
【風呂の種類】内湯2（男1・女1）、露天2（男1・女1）
【その他の施設】休憩室＆軽食コーナー（11時〜20時30分LO、土・日曜、祝日は10時30分〜21時LO）、手もみ整体など。客室45室（1泊2食付き1万655円〜）　🅿200台

欄外情報 起点となる森林公園入口バス停へ行く路線バスは宇都宮駅から乗車してもいいが、そこから登山口まで舗装の車道を1時間も歩くのが難点。複数で行くのなら、駅からタクシーの利用をおすすめしたい。

ポイント 宇都宮市・鹿沼市・日光市の3市の境界付近に険しい岩峰を連ねているのが古賀志山。山麓には宇都宮市森林公園もある人気の山だ。好展望の古賀志山の見晴台と御嶽山の2峰に登るプランがおすすめ。

アドバイス 御嶽山の登りはクサリ場やハシゴもある険しい岩峰。御嶽山から瀧神社への下りも急斜面なので、軍手を持参して行きたい。城山西小入口から先は標識がないので、地図をよく確認しながら歩くこと。

古賀志山がいまいちの展望だけに 御嶽山からの大パノラマが感動的

起点となる❶森林公園入口バス停だが、入口とは名ばかりで、宇都宮市森林公園まで3km余も離れている。この舗装路歩きにうんざりする頃、ようやく森林公園に入り、その奥にある❷北登山道入口に到着。右手の沢沿いにのびる林道を歩き、ようやく山道に入って、そこから杉林などの樹林の中の急坂を登る。尾根に取り着いたところが❸富士見峠。左折して急坂を登ると尾根に突き当たる。左前方の❹見晴台で眺望を楽しんでか

ら引き返し、尾根道を登り詰めると、丸太のベンチが置かれた❺古賀志山の山頂。樹林の中で、視界は東側にわずかに開けるだけだ。

古賀志山からいったん鞍部まで下り、左に

岩峰の最高峰・古賀志山。旧名は東ノ鳥屋山

【ACCESS ◆ アクセス】
【電車・バスで】 行き：東武日光線新鹿沼駅（駅前の鳥居跡町バス停）→関東バス24分・490円→森林公園入口　帰り：ニューサンピア栃木→関東バス13分・380円→新鹿沼駅（駅前の鳥居跡町バス停）
【車で】 東北自動車道鹿沼ICから国道121号・県道・国道293号経由で約10km。宇都宮森林公園の公共駐車場が利用できる。戻りは森林公園入口バス停からの歩きが辛いので、タクシーの利用が賢明だろう。

HINT ◆ ヒント
古賀志山から御嶽山までは初級者でも大丈夫だが、その先の赤岩山までの稜線は険しい岩場なので、中級者以上の領域。御嶽山の手前から分岐する瀧神社経由の瀧コースを下山するプランが妥当だ。

CONTACT ◆ 問合せ先
宇都宮市自然休養村管理センター☎028-652-3450
関東バス・鹿沼営業所☎0289-64-3161
鹿沼合同タクシー☎0489-62-3188

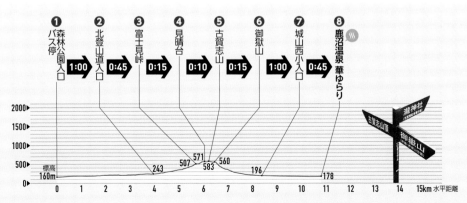

❶森林公園入口バス停　1:00　❷北登山道入口　0:45　❸富士見峠　0:15　❹見晴台　0:10　❺古賀志山　0:15　❻御嶽山　1:00　❼城山西小入口　0:45　❽鹿沼温泉華ゆらり

標高160m　243　507　571　583　560　196　178

2000　1500　1000　500　0　標高　0　1　2　3　4　5　6　7　8　9　10　11　12　13　14　15km 水平距離

瀧神社　古賀志山頂　御嶽山

山麓からの眺望。岩峰の一番右が古賀志山

岩場に庇護されるように鎮座する瀧神社

赤川ダムに下るルートを分け、さらに瀧神社への分岐を過ぎると、クサリ場やハシゴのある岩稜を行くルートになる。石祠を祀る❻御嶽山の山頂を回り込んだ北側の視界が大きく開け、日光連山や皇海山が美しく望める。お弁当を開くのなら、古賀志山よりもここのほうが断然いい。眺望を堪能したら、さきほどの瀧神社への分岐まで戻り、林間をひたすら下る。ちょっと足場の悪いところもあるので、転倒に要注意。途中、岩場に祀られた瀧神社に参拝して行こう。ここには水場もある。なおも下ると舗装路に飛び出すので、道なりに下って行く。

南登山道駐車場や城山西小学校の脇を通り過ぎると、まもなく信号のある交差点の❼城山西小入口。ここから❽鹿沼温泉 華ゆらりまでは標識が出ないので、地図を頼りに歩く。交差点から400m先の四ツ角を左折。800m先の広い道路に出て右折すれば、あとは迷うことはないだろう。　（文・写真／飯出敏夫）

1:50,000

0　　　500　　　1000m

1cm=500m

等高線は20mごと

外山
とやま

栃木県

初級

標高
880m
[外山]

標高差
登り: **336**m
下り: **336**m

総歩行距離
7.3km

歩行時間
2時間**50**分

難易度：体力
★☆☆

難易度：技術
★☆☆

稲荷川橋から「栃木百名山」の1つにも数えられる外山を望む

立ち寄り湯 日光温泉
にっこう
☎0288-53-0500

日帰り温泉 ほの香
ひがえ おん せん か

保湿効果が高い自家源泉をかけ流し

ホテルカジュアルユーロの日帰り温泉施設。建物は別棟で、男湯、女湯、休憩室がある。男女とも脱衣カゴを使うので、貴重品は休憩室のロッカーを利用する。内湯は大人3人、露天は大人1人でちょうど良いサイズだが、自家源泉を循環せずにかけ流しにする。ホテルの客室は全室露天風呂付きで、こちらも温泉を使う。宿泊時の食事は朝夕ともバイキング。夕食は浜茹でのズワイガニ、エビチリなど約30種の料理が並べられる。

↑檜の香りが心地よい女湯の露天風呂。和風の坪庭を愛でながら湯浴みできる
→男湯の露天風呂。岩の間からpH8.5のアルカリ性単純温泉があふれ出す

🕚11〜21時 　❌不定休 　💴600円
【泉質・泉温】アルカリ性単純温泉・42.5度
【風呂の種類】内湯2（男1・女1）、露天2（男1・女1）、貸し切り露天風呂（50分3500円〜）
【その他の施設】客室47室（1泊2食付き1万1150円〜）、休憩室など 🅿50台

湯波や羊羹などの老舗が並ぶ
日光街道を抜け、外山の参道へ

❶**東武日光駅**前のバスターミナルを通り、国道119号を右に曲がる。この通りは日光東照宮の参詣道として、江戸時代に整備された日光街道で、徳川秀忠・家光など将軍も通行した。ゆるやかな上り坂を25分歩くと大谷川にぶつかり、左側に❷**神橋**が見える。深い谷に架かる朱塗りの木橋には、日光山を開いた勝道上人が大谷川の急流に立ち往生し、神仏に祈ったところ水神が現れて2匹の蛇を放ち、橋にしたという伝説がある。

大谷川を渡り、右へ進む。さらに稲荷川橋を渡り、左側の上り坂へ。石壁内に安置された石仏が目印となる分かれ道を左に入り、100mほど坂道を登る。カーブミラーの柱に結ばれた「外山参道→」の標識に従い、民家の前を右折。突き当たりの杉林に❸**参道入口**がある。

小さな沢を木橋で渡り、杉林の中にたたずむ石の鳥居をくぐる。3つ目の鳥居から傾斜はきつくなり、右に左に曲がりながら高度を上げていく。「六丁」の丁石を過ぎ、手すりを設けた岩場が見えたらもうひと頑張り。視界が開けると毘沙門堂の下に出る。振り返る

ACCESS ◆ アクセス

【電車・バスで】行き・帰り：浅草駅→特急けごん（1時間50分・2750円）→東武日光駅　※東武日光駅から徒歩5分の距離にJR日光線日光駅もある。JR利用の場合は東北新幹線または宇都宮線（東北本線）の宇都宮駅から日光線に乗り換える。
【車で】日光宇都宮道路日光ICから国道118号経由で約1km。東武日光駅とJR日光駅の間にある有料駐車場（35台・2時間100円）を利用する。

HINT ◆ ヒント

日帰り温泉 ほの香から東武日光駅までは徒歩15分ほど。運行本数は少ないが温泉近くに東武バスの丸美バス停があり、バス（4分・210円）で東武日光駅まで戻ることもできる。

CONTACT ◆ 問合せ先

日光市観光協会☎0288-22-1525
東武鉄道お客さまセンター☎03-5962-0102
東武バス日光営業所☎0288-54-1138

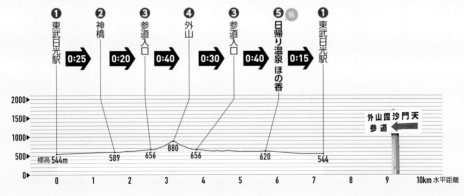

❶東武日光駅		❷神橋		❸参道入口		❹外山		❸参道入口		❺日帰り温泉ほの香		❶東武日光駅
	0:25		0:20		0:40		0:30		0:40		0:15	

標高544m　589　656　880　656　620　544

外山毘沙門天参道

↑霧降大橋で大谷川を渡るとゴールは近い
←山頂からは女峰山や男体山が望める

と日光市街地や鳴虫山などが一望できる。堂舎の裏手に回り、ひと登りすれば**④外山**の山頂。毘沙門天や不動明王などの小さな石仏が出迎え、その奥には日光連山が広がる。雄大な眺めに急登の苦労も忘れるはずだ。

往路を戻って下山したら、石仏の分岐を左へ。道なりに歩くと35分ほどで**⑤日帰り温泉 ほの香**に着く。入口の券売機で支払いを済ませて入浴しよう。温泉から**①東武日光駅**まではほぼ下り坂。霧降大橋からは登ったばかりの外山が望める。（写真・文／内田　晃）

食べる 🍴

油源

曲げわっぱに酢飯を詰め、日光名物の生湯波や野菜の煮物、玉子焼きなど、1品ずつ手作りした惣菜を盛り付けたゆばちらし弁当930円（写真）が好評。東武日光駅などで販売し、本店では定食スタイルで味わえる。☎0288-54-1627
🕘9〜17時　🈑水曜

霧降高原
·661
N
1:25,000
0　250　500m
1cm=250m
等高線は10mごと

山頂は毘沙門堂の裏側からひと登り
外山④
880
春曉庭ゆりん
小倉山温泉
卍毘沙門堂
小倉山山荘
小倉山
754
急登
0:30
栃木県
日光市
石鳥居が五基ある参道
③参道入口
スケートセンター
日光温泉
🍴丸美
卍二荒山神社
東照宮卍
稲荷山
石仏
0:40
0:35
乗馬クラブ
小倉山
つり堀茶屋
·609
小倉山登山口
🏨ホテルカジュアルユーロ
⑤日帰り温泉 ほの香
稲荷川橋
0:15
0:20
卍輪王寺
車道を歩く
両側に緑が続く急な坂道
0:15
0:20
神橋②
120
食べる
神橋
·油源
日光小文
119
神橋
霧降大橋
日光宇都宮道路
鳴虫山トンネル
今市IC
日光郷土センター（観光案内所）
日光消防署
東武日光駅
🚉東武日光線
①
宇都宮
日光駅

奥日光の深い森に抱かれた2つの湖と峠越えの入門コース

栃木県

入門

標高	**1741** m ［山王見晴し］
標高差	登り：**256** m 下り：**313** m
総歩行距離	**8.3** km
歩行時間	**3** 時間 **15** 分
難易度：体力	★☆☆
難易度：技術	★☆☆

刈込湖・切込湖

<small>かりこみこ・きりこみこ</small>

神秘的だが、明るい雰囲気もある刈込湖。砂地の湖畔は絶好の休憩ポイントだ

↑カラマツやミズナラ
の森を眺めながら名湯
が満喫できる露天風呂
←存分に手足が伸ばせ
る大浴場は一度に20人
は入れる大きさだ

立ち寄り温泉 光徳温泉 <small>こうとく</small> ☎0288-55-0585

日光アストリアホテル

<small>にっこう</small>

森を眺めて満喫する極上のにごり湯

白樺やカラマツ、ミズナラの林に囲まれた絶好の環境に
ある光徳温泉の一軒宿。風呂は男女別に大浴場と露天
風呂があり、湯元温泉から引いた庭園風の露天風呂は
それほど大きくはないが、森に包まれた静かな環境の
中で入浴できる。温泉は白濁や緑がかった色に変化す
る硫黄泉の名湯だ。なお、一般客は立ち寄り湯不可の
日もあるので、事前に確認してから訪ねたい。

🕐立ち寄り湯12時30分～16時（事前に要確認）　🈲無休
💰1000円（温泉入浴付きランチ2500円）
［泉質・泉温］含硫黄-カルシウム・ナトリウム-硫酸塩・
炭酸水素塩泉・78.5度
［風呂の種類］内湯2（男1・女1）、露天2（男1・女1）
［その他の施設］客室59室（1泊2食付き1万1000円～）、
レストラン（11時30分～14時）、売店　🅿50台

欄外情報 開花情報や地図などの資料が入手できるのが日光湯元ビジターセンター。☎0288-62-2321　🕐9時～16
時30分（季節により変動あり）　🈲無休（12～1月は平日休、2～3月は水曜休）

ポイント 南にそびえる三岳（みつだけ）の噴出物が沢を堰き止めてできたのが、刈込湖と切込湖。周囲をうっそうと茂る森に囲まれた山上の小さな湖だ。亜高山帯の針葉樹と山地帯のミズナラやブナなどの境界線付近を歩くので、樹相の変化も興味深い。鹿の食害で減ってはいるが、まだまだ高山植物の花も咲き、変化に富んだコースとして親しまれている。

アドバイス 湯元温泉から小峠、涸沼から山王見晴しが登り坂だが、それ以外はアップダウンも少ない快適な探勝路が続く。標識も整備されているが、難をいえばコース上にトイレと水場がないこと。夏場は涸沼から山王見晴しにかけては強い日差しを受けるので、こまめに水分の補給をし、帽子も忘れずに。昼食は刈込湖畔か涸沼あたりが適当だ。

▶ 針葉樹の森を登り詰めた小峠から深い森に抱かれた2湖を訪ねる

スタートの**❶湯元温泉バス停**から北側の道に出て右に進むと、すぐに石灯篭が一列に並ぶ日光山温泉寺の参道前に出る。この参道を歩き、堂宇の手前で右手の湿地帯に設置された木橋を渡るのが本コースのルートだが、まずは温泉寺に参詣して道中の安全祈願をして行こう。ここは日光山内の輪王寺の別院で、男体山を開山した勝道上人（しょうどう）が開いたという古刹だ。上人はここで温泉を発見し、薬師湯と名づけたと伝えられている。

湿地帯を木橋で渡って行くと、前方に激しく湯煙を上げているのが湯元泉源地だ。湯量は豊富で、ここから湯元温泉の各宿をはじめ、光徳温泉や中禅寺温泉にも配湯されている。この泉源地の奥から山道に入り、ひと登りで国道120号を横切る。両脇に笹と樹林が茂る

ACCESS ◆ アクセス

【電車・バスで】行き：東武鉄道東武日光駅→東武バス1時間25分・1750円→湯元温泉 帰り：光徳温泉→東武バス1時間10分・1700円→東武日光駅。
【車で】日光宇都宮道路清滝ICから国道120号経由で湯元温泉バス停横の無料駐車場まで約26km。戻りも駐車しておいた湯元温泉の無料駐車場まで光徳温泉から湯元温泉行きのバスで10分なので、マイカーでも便利なコースだ。

HINT ◆ ヒント

バスはJR日光駅始発で、3分後に東武日光駅発。スタート地点の湯元温泉まで時間がかかるので、日光には早朝着が必須条件になる。紅葉シーズンはいろは坂が大渋滞するので、この時期は前泊などの対策が必要だ。

CONTACT ◆ 問合せ先

日光総合支所観光課☎0288-53-3795
日光湯元ビジターセンター☎0288-62-2321
東武バス日光 日光営業所☎0288-54-1138

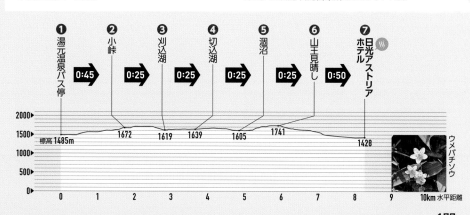

❶湯元温泉バス停 0:45 ❷小峠 0:25 ❸刈込湖 0:25 ❹切込湖 0:25 ❺涸沼 0:25 ❻山王見晴し 0:50 ❼日光アストリアホテル

標高1485m 1672 1619 1639 1605 1741 1428

ウメバチソウ

↑湯元温泉から樹林帯を抜けた小峠は休憩ポイント
→神秘的な湖水の色が印象深い切込湖
←季節には高山植物の花も見られる高原状の涸沼

登山道を斜めに登り詰めたところが❷小 峠。ベンチがあるので、ひと息つける。峠からはダケカンバと針葉樹が混在する中の下りになり、急斜面には木段も整備されている。樹間に湖面が近づいてくると、まもなく❸刈込湖。周囲は山と森に囲まれているが、湖畔には砂地が広がる場所もあり、意外と明るい印象だ。湖の名称は、看板の解説によると、昔このあたりに大蛇が住みついて村人を苦しめている話を聞いた勝道上人が、その大蛇を征伐して死骸を湖に沈めたところからの命名だという。ロマンチックな湖の風景には似つかわしくない、ちょっと怖い伝説である。

高原風景の涸沼でひと息つき
山王峠を越えてミズナラの純林へ

看板に「湯元光徳線歩道」とあるこのハイキングコースは、湖面を左に見ながら南岸沿いの針葉樹の中を歩く。❹切込湖は刈込湖との連接湖なので、刈込湖との境は注意していないとよくわからない。湖には水が流れ出す沢がないので、地下に吸い込まれていると推測され、それがまた神秘的だ。深い緑の中にある切込湖から離れ、ゆるやかな笹原を登って鞍部を越えると、すぐにすり鉢状に草原が広がる❺涸沼。ベンチとテーブルが設置された涸沼展望地があり、クガイソウ、ハクサンフウロ、ヤマオダマキが咲くと看板にあるが、鹿に食べられて草花は減ってしまったとも書いてある。レンゲツツジやズミの木はまだ大丈夫のようだ。

涸沼の外れから登山道らしい登坂になる。涸沼が眼下に遠ざかり、樹林帯の中を登り詰めると山王林道の車道に沿い、道は車道には出ないで最高点へと続く。笹原にベンチが置

刈込湖と切込湖がつながっている付近は樹林の中

山王峠への登りから振り返ると涸沼の全景が望める

コース最高点の山王見晴しではベンチでひと息つける

牛の放牧風景が見られる光徳牧場

かれている**❻山王見晴し**で、山王帽子山や男体山の山容を眺め、最後の休憩をとっていこう。この下に位置する山王峠は、標柱があるのでそれとわかる程度で、峠らしい風情はない。ここからの下りは見事な広葉樹林の中を歩く。ほとんどがミズナラだが、時折白樺も交じり、下生えの笹の緑も鮮やか。道がほぼ平坦になると、まもなく樹間に光徳牧場の建物が見え、車道に出た少し先、光徳温泉バス停の立つ地点が**❼日光アストリアホテル**の入口だ。

（写真・文／飯出敏夫）

食べる

光徳牧場売店

のどかな牛の放牧風景が見られる光徳牧場では、レストラン（9〜15時、11〜4月は休業）で食事もできるが、売店で購入できるアイスクリーム300円が好評で長蛇の列ができるほど。☎0288-55-0256 営9〜17時（11〜4月は〜16時）休不定休

栃木県

入門

標高

514m
［川治湯元駅］

標高差

登り： **63**m
下り： **0**m

総歩行距離

7.9km

歩行時間

3時間**15**分

難易度：体力

★☆☆

難易度：技術

★☆☆

龍王峡

虹見の滝手前から鬼怒川の河原に下り、虹見橋を見上げる。コース上では河原に下りられる数少ないスポット

↑混浴の露天風呂。ア
ルカリ性の温泉はなめ
らかな肌ざわり
←男女別の内湯。人目
が気になる人はこちら
を利用しよう

立ち寄り温泉 川治温泉 ☎0288-78-0229

川治温泉 薬師の湯

川の風を感じながら露天風呂に入浴

鬼怒川支流の男鹿川沿いにある共同浴場。建物に男女
別の内湯とサウナ、貸切風呂、飲食物持ち込みOKの休
憩室がある。建物前の階段を少し下ったところには、
屋根を設けた混浴の露天風呂と岩風呂がある。向かい
に温泉旅館が立ち、露天風呂は少し気恥ずかしいが、
それを忘れさせるほどの爽快感がある。風呂の温度は
岩風呂が熱く、露天風呂はぬるめ。すべての浴槽が加
温かけ流しだ。

🕐10〜21時（混浴は12〜3月は土・日曜のみ営業）
🈺水曜（祝日の場合は翌日）　💴700円
[泉質・泉温] 単純温泉・36.3度
[風呂の種類] 内湯2（男1・女1）、露天2（混浴2）、貸切
風呂1（50分4000円）
[その他の施設] 休憩室　🅿20台

欄外
情報 川治温泉の開湯は江戸時代の享保8年（1723）から。男鹿川上流の五十里湖が決壊し、川治の集落は水
没する。その後、水が引くと川縁から温泉が湧いていたという。

ポイント 龍王峡は鬼怒川上流の約3km
に渡って続く景勝地。約2200万年前の海底
火山の活動によって噴出した火山岩が、激し
い水流によって浸食され、美しい渓谷が誕生
した。ベストシーズンは春から秋にかけて。
特に紅葉はすばらしく、多くの観光客で賑わ
う。ゴールの川治温泉は毎分4000ℓの湧出
量を誇る栃木県内屈指の名湯だ。

アドバイス 鬼怒川沿いの龍王峡自然研究路
はよく整備されていて歩きやすいが、運動靴
程度の備えは必要。むささび茶屋を除くと、
コース上では水の補給ができないので、夏場
に歩く時は多めに持参したい。途中、白岩バ
ス停と川治温泉駅があり、天気や体調が崩れ
た時にコースを変更できるのも便利。雨具、
食料も忘れずに。

虹見橋からむささび橋の間は
観光ムードの賑やかな遊歩道

　スタートは❶龍王峡駅から。市営駐車場
の右手に食堂兼みやげ店が並び、呼び込みの
声がかかる。簡単なハイキングマップをくれ
たり、竹杖を貸し出したりとサービス満点
だ。店の並びに立つ石の鳥居をくぐると龍王
峡自然研究路の始まり。階段を下りきると、
右手に豪快な虹見の滝が現れる。そのまま突

き当たりまで進むと鬼怒川・川治の守り神で
ある五龍王神社が立つ高台に出る。鬼怒川や
虹見の滝が眼下に望める。

　研究路に戻り、鬼怒川に架かる❷虹見橋
へ。橋の上に立つと、鬼怒川の水流が火山岩
を浸食した深い渓谷が目の前に。たっぷりと
眺望を楽しんだら、対岸に渡って木段を上が
る。大きく下り、アップダウンを繰り返し
て、底なし沼近くの木道に上がると❸むさ

ACCESS ◆ アクセス

【電車・バスで】行き：野岩鉄道会津鬼怒川線龍王
峡駅　帰り：野岩鉄道会津鬼怒川線川治湯元駅。
【車で】東北自動車道宇都宮ICから日光宇都宮道路・
国道121号経由で約21km。龍王峡駅前の無料駐車場
に車を停めて、川治湯元駅から列車で戻る。

HINT ◆ ヒント

浅草駅から龍王峡駅までは快速で約2時間50分。東
武伊勢崎線・浅草駅始発の快速「会津田島行き」に
乗車すると乗り換えなしで龍王峡駅まで行ける。朝
6時台から11時台まで2時間1本運行。それ以外は
新藤原駅で会津高原尾瀬口方面に乗り換える。野岩
鉄道はSuicaやPASMOのIC乗車券が利用できないの
で切符を購入しておくと手間がかからない。

CONTACT ◆ 問合せ先

日光市観光経済部藤原観光課☎0288-76-4111
日光市観光協会☎0288-22-1525
野岩鉄道営業課☎0288-77-2355

観光客を最初に出迎える虹見の滝。勢いよく水が落下する

さび橋はすぐ。対岸に味噌おでんが名物のむささび茶屋が立ち、近くにきれいな公衆トイレもある。茶屋の先を右に行けば、ミズバショウの群生地を経て、虹見橋に戻れる。ここまではドライブがてらに足を延ばす人も多いが、ここから上流へ向かう人はめっきり減り、ハイカーの世界となる。

食べる

むささび茶屋

コース上唯一の茶店。名物味噌おでん300円は鹿沼こんにゃくに秘伝の甘辛い味噌だれをかけたもの。50年間同じ味を守り続け、この味を求め龍王峡を訪れるファンもいる。半丁分のボリュームで小腹を満たせる。地元のおいしい水で入れるコーヒー350円もおすすめ。☎0288-77-2549 ◉10〜15時 ㊡不定休（雨天時・12〜3月は休）

浜子橋の先で山道と車道を選択 車道を行くならばライトの持参を

茶屋から左へ。ビューポイントの大観を過ぎると道幅が狭くなり、右から迫る岩壁や渓谷の岩が青緑色に感じられる。建材の大谷石と同じ成分の火山灰が堆積してできたためで、むささび橋からかめ穴までは「青龍峡」、むささび橋の下流は「白龍峡」、かめ穴からさらに上流は「紫龍峡」とも呼ばれる。五光岩、兎はね、かめ穴、柱状節理と見どころが続き、❹白岩半島への分岐に出る。

坂道を登ると国道121号沿いに白岩バス停がある。本数は少ないが、川治温泉駅または鬼怒川温泉駅に出られるので、歩き疲れた時は利用しよう。白岩半島は鬼怒川に突き出た地形のため、水流が穏やかになり、小休止に

ビューポイントのむささび橋から紅葉に染まる渓谷を望む

欄外情報　川治温泉の温泉は無色透明の単純温泉。外傷、皮膚病などに効能があり、古くから「ケガは川治、やけどは滝（鬼怒川温泉）」と賞された。現在は美肌の湯としても有名。

適した河原もある。半島を周り、❺浜子橋
へ。格子状の橋板を対岸に渡り、少し坂道を
登って渓谷散策コースへ。一部、足場が悪い
が、暗い逆川第1トンネルを歩かずに済む。

　逆川第2・3トンネルをくぐって、県道
23号を跨ぐ。すぐに小網ダムが見えるが渡
らず、杉林の遊歩道へ。湖面を横目に適度な
アップダウンを繰り返し、野岩鉄道の高架を
くぐる。黄金橋を渡り、右に進めば❻川治
温泉 薬師の湯に到着だ。暖簾が下がる建物
で受付を済ませ、まずは川縁の露天風呂で汗
を流そう。湯上がり後は、建物内の休憩室で
くつろぐこともできる。ゴールの❼川治湯
元駅は温泉から坂道を15分ほど登る。駅ま
での時間を計算しつつ入浴したい。

（写真・文／内田　晃）

川沿いに旅館が連なる川治温泉街が見えると薬師の湯はすぐだ

むささび橋から先は露岩の悪路がしばらく続くので注意が必要

鬼怒川にそそり立つ野岩鉄道の高架をくぐって川治温泉へ

プランニング・装備と安全な山の歩き方

すべての持ち物を背負って自己責任で歩く山。安心・安全に山歩きを楽しむためには、
しっかりとしたプランニングに基づき、装備を整えることが重要です。
アップダウンや凹凸があり、ウォーキングとは勝手が違う山道を歩き通すためのコツや、
入門者向けの山にも潜む、危険に対する心構えもご紹介します。

装備

ザック　日帰りハイキングなら容量20〜30ℓ
程度が適当。1つか2つのポケット、背パッド
が付いているもので、素材は丈夫で軽く、縫製
のしっかりしたものがおすすめだ。必ず背負っ
てみてフィット感を確かめて購入すること。

山靴　かつては総革製も多かったが、現在は合
成・人造皮革と撥水加工を施した布とを組み合
わせ、軽量化された山靴が主流だ。タイプもロ
ー、ミドル、ハイカットとあるが、足首を保護
するミドルかハイカットがいいだろう。靴は一
番大事なので、少し高価でも防水加工のしっか
りした丈夫なものを選びたい。履いてみて爪先
に余裕があるものを選び、本番前に自宅周辺な
どを歩いて足になじませておくことが大切だ。

雨具　水を通さずに湿気は通す素材がベスト
で、代表的な素材はゴアテックス。ポンチョは
風に弱いので、上下に分かれたセパレート式の
もので、やや大きめのサイズを選ぶこと。車道

左から20ℓと30ℓのザック。デイパック型と雨ぶた型がある。
下はミドルカット（左）とハイカット（右）の山靴

取材協力＝ICI石井スポーツ 登山本店（東京・神保町）

歩きには折り畳み傘も有効で、雨が心配な日は
ザック用のカバーも必携品。

ウェア　肌着は吸汗性に優れ、乾燥の速いもの
がいい。綿素材は乾きにくいので避けよう。下
山後に入浴するので着替えも忘れずに。中間着
は襟のある長袖シャツかポロシャツ。上着は軽
くて保温性の高いフリースが好適。ウインドブ
レーカーは必需品だが、素材のいい雨具なら兼
用も可能だ。冬期は薄手のダウンジャケット
も。パンツは太ももの周りがゆったりとしたも
ので、細めのタイプやジーンズは適さない。伸
縮性があって、水をはじく素材であれば心強い。

セパレート式の雨具。ゴ
アテックスを素材に使っ
た雨具がおすすめ

右上から速乾性の下着（夏は半袖でもい
い）、中間着に適した長袖シャツ、伸縮
性の素材と撥水加工を施したパンツ。上
着は軽くて保温性の高いフリースがおす
すめだ

水筒・魔法瓶　飲料水は日帰りで1人1〜2ℓ
が目安。暑い日には短時間コースならペットボ
トルを凍らせ、カバーケースに入れて行くだけ
でも十分。重さを厭わなければ、魔法瓶に熱い
湯を入れて持参すると、山の上でも温かいカッ
プめんやコーヒーが楽しめる。

靴底のはがれの
応急処置に便利
なダクトテープ

国土地理院発行の2万5000分の1地形図は、小さく折り畳めばポケットに入れて携行できる。上はヘッドランプ、中はコンパス

その他 　地図（できれば国土地理院発行の2万5000分の1地形図）、日の短い季節にはヘッドランプ、緊急連絡用に携帯電話・ホイッスル、絆創膏・包帯・消毒液などの救急用品、靴底のはがれなどに有効なダクトテープ、トイレットペーパー、チョコレートやアメなどの行動食や非常食も欠かせない。

プランニング

▷ 体力と経験に合わせて

体力過信は禁物。最初は入門コース（登り2時間、下り1時間程度）からスタートして徐々に初級（総歩行時間が4時間〜5時間未満）、中級（総歩行時間5時間以上）と進んでいただきたい。初めての人は経験者と一緒に行くことにして、単独行は避けたい。

▷ 天気予報のチェック

山は天気次第。ひとたび天候が悪化すると様相は一変する。一般的に低気圧が通り過ぎた翌日は山では水が出たり、落石があったりするので、1日おいたあたりが好機。また、山からの眺望は午前中、それも早い時間が期待でき、昼頃には雲が出て視界が悪くなるので、可能な限り早い時間に出発し、午後3時頃までには下山するようなプランニングを心がけること。

▷ 情報収集

「ヤマレコ」などのサイトで最新情報が容易に得られる。登山ルートががけ崩れなどで不通になっていたりすることもあるので、事前確認が不可欠だ。バス便は季節などで運行状況が異なる路線も多いので、登山口までのアクセスもしっかりチェック。また、いまどんな花が咲いているか、紅葉は見ごろかなど、タイムリーな情報が把握できると、山歩きの期待と魅力も倍増する。

▷ 登山装備の確認

プランニングができたら、その山のレベルに合わせた装備を点検しておく。なるべく荷物を軽くしていくことを心がけたい。

歩き方

▷ スタート前に

足首、ふくらはぎ、アキレス腱、首、体全体といった順に、準備運動をしてから出発することが大切。トイレも済ませていこう。

▷ 登りと下り

最初はゆっくり歩き、次第に一定のリズムとペースを保って歩くと疲れにくい。斜度に合わせて速度を変え、息切れしないように体調を保つのが肝心。登り下りや平坦路に関わらず、靴底全体を大地につけてゆっくりと、大股ではなく小股で歩くのがコツ。大股で歩くと登りでは疲労が激しく、下りでは滑ったときにこらえきれずに転倒するが、小股だとまだ余裕がある。下りは膝や足首のクッションを使って衝撃を和らげるように歩く。急斜面でもはいつくばるような歩き方でなく、なるべく顔を上げて視界を広げて歩くようにしよう。

岩場での注意点

焦らないのが一番。ホールドや爪先がかかる場所を見極め、両手両足を使うような場所では、必ず片手、片足ごとに移動し、三点確保すること。クサリや補助ロープに頼りすぎるとバランスを崩すので、あくまで補助と考えて行動し、下りも登りと同様、地面の方に顔を向けて後ろ向きにゆっくりと片手、片足ずつ下ると安全だ。

クサリや補助ロープは頼りすぎないで、支える程度に利用するのがコツ。急峻なところでは後ろ向きに降りるほうが安全だ

休息

歩きはじめて30分で5分間の休憩。ここでひと汗かくようなコースでは、スタート地点で着ていた上着を脱いで中間着にする。あとは40分〜1時間ごとに5〜10分の休憩をとる。休み過ぎると体が冷えるので、大休止する場合は上着を羽織ること。疲れる前に適度に休み、空腹を感じる前に軽く行動食（アメ、チョコレート、クッキー、バナナなど）をとる。こまめな水分補給も忘れずに。

山の危険

熊やスズメバチなどとの遭遇に注意

「熊出没注意」などの案内がある山域では鈴を鳴らしながら歩いたり、時折ホイッスルを吹いて歩く。万一熊に遭遇したら、数十mの距離がある場合は静かにその場を立ち去る。熊との距離が近い場合は、目を離さず、熊を刺激しないように少しずつ後退を。距離が開くと熊も山中へ消えてくれる。スズメバチは振り払わずに静かに遠ざかろう。

毒を吸い出すポイズンリムーバー

スズメバチに刺されてしまったらポイズンリムーバーで毒を吸い出し、抗ヒスタミン軟膏などを塗り、早めに病院へ。アブやムカデ、マムシなどの有毒生物に刺されたりかまれたりした場合も毒を口で吸い出さず、水で洗い流し、抗ヒスタミン軟膏などを塗り、早めに病院へいこう。

雷に注意

積乱雲が高く伸びていったら要注意。ゴロゴロと雷鳴が聞こえたら早めに山小屋など安全な場所に避難を。高い木は標的となるので注意が必要だが、5m以上の高木は保護範囲があるので、木から3〜4m離れた位置にしゃがむとある程度安全と言われている。

落石に注意

ザックも衝撃を吸収してくれる

落石を発見したら「ラクッ」と大声で叫び、下のハイカーに知らせる。落ちてくる石の行方を追ってかわし、逃げ切れない場合は頭を手でカバーしながら体を小さくして、背中や側面で受け、頭部直撃だけは避ける。

迷ったら山上をめざす

道迷いは下りで起きることが多い。少しでもおかしいと感じたら地図を確認し、踏み跡が薄くなってきたら引き返す。山は登れば必ずどこかの山頂や尾根に出られる。道に迷った場合は谷筋を下らずに山上をめざすこと。

立ち寄り湯のマナーと注意点

日帰り温泉施設にしろ旅館の立ち寄り湯にしろ、お風呂を一般客と共用することになります。
ハイキング後の高揚感のまま、ワイワイとお風呂に押しかけるのは慎みたいもの。
周囲に不快感を与えない配慮は大前提です。
みんなで気持ちよく入浴するための、基本的なマナーを挙げてみました。

入館前のマナー

受付でザックの置き場所、靴の置き場所の確認。旅館の立ち寄り湯などでは入館前に靴裏の泥を落とし、脱いだ靴は持参したビニール袋に入れて邪魔にならない場所に置くこと。

ザックの置き場所

フロントで専用の置き場所やロッカーに納まるかを聞き、納まらない場合はフロントに断って玄関脇や待合室の邪魔にならない場所、脱衣所が広くて余裕があるなら隅のスペースに置く。鍵がかからない脱衣所の場合、貴重品はフロントに預かってもらうのが無難だ。

ザックは邪魔にならない場所へ

ぬる湯と熱い湯があるお風呂もある。ぬる湯にゆっくりつかろう

お風呂セットの携行

共同浴場などは石鹸やシャンプー＆リンスを備えていないのが普通。ほとんどが受付や売店で購入できるが、1回分のシャンプー＆リンスや小石鹸をタオルとともに、ビニール袋に入れて携行するのが賢明。ビニール袋は湯上がり後の濡れタオルを入れるのにも便利だ。

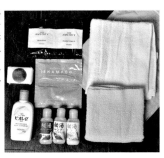

右は入浴用と身体拭き用のタオル2枚、その下は濡れタオルを入れるビニール袋。左は1回使いのシャンプー、リンス、石鹸など

脱衣所・お風呂でのマナーと入浴法

着替えを大きめのビニール袋に入れて持参し、脱衣所ではそのビニール袋に脱いだ汗臭い衣服を速やかに収納し、口を閉じる。これが汗の臭いを最小限に抑えるマナー。お風呂ではいきなり湯船に浸からず、まずは洗い場で体を洗う。充分にかけ湯をして体を馴染ませたら、湯船の端に腰かけしばらく脚をつけ、次に半身浴、それから静かに全身浴をするのがベスト。太もも、ふくらはぎ、足裏などをマッサージすると、翌日の筋肉痛は軽減されるはず。休憩室などで体を休める時間の余裕も持ちたい。

登山計画書

団体名●				緊急連絡先		
代表者名●				氏名●		間柄●
住所●				住所●		
電話●				電話●		
				携帯電話●		
山域・山名●				登山形態●	ハイク・日帰り登山・縦走・沢登り・スノーシュー・雪山・その他（　　　　　　）	
参加者氏名	年齢	性別	血液型	連絡先（住所・電話・携帯電話）		緊急連絡先（間柄）
山行期間●　　年　　月　　日（　曜日）〜　　年　　月　　日（　曜日）						
コース予定（入山〜下山まで）●						
エスケープルート●						
備考●　緊急時の装備（テント、コンロ、ツエルト、無線機）						

登山計画書の作成を

不測の事態に備えて、家族や知人、山の仲間などに登山計画書を渡しておきたい。もしも遭難したときなど、登山計画のルートに沿って迅速に救助に向かうことができるからだ。左に掲載の登山計画書を、拡大コピーして活用を。

登山計画書を投函できる登山ポストなどもある

登山用語の基礎知識

鞍部　尾根が中くぼみになった場所で、峠に当たることも多い。鞍は馬などのくらの意。

右岸・左岸　川や沢の上流から見た右側の岸が右岸、左側の岸が左岸。

尾根　山頂と山頂をつなぐ峰筋や谷と谷の間の突出した連続部（尾根筋）のこと。

ガレ場・ザレ場　石や岩が堆積していて歩きにくい斜面や山腹をガレ場、そこの岩や石が小さい場合をザレ場と呼ぶ。

クサリ場　登山道上の岩場などの難所に安全確保のために鎖が設置された場所。同様の難所となる場所には補助ロープやハシゴが設置されている場所もある。

三点確保　岩場を上下する際の基本動作。両手両足を4つの点とし、常にそのうちの1点だけを動かし、他の3点は岩などにしっかりつかまって確保しながら移動すると安全。

縦走　山頂から次の山頂へと稜線（尾根上の縦走路）伝いに歩く登山形態のこと。

横巻き　縦走路にある山の頂上を踏まずに山腹を横切って進むこと。トラバースとも。

稜線・岩稜　尾根と同意だが、どちらかというと展望の広がる高い場所にある尾根筋を稜線と呼んでいる。また、その尾根が岩の露出した登山道の場合を岩稜と表現する。

装備チェックリスト

ウエア

	春秋	夏	冬
☐ ズボン	◎	◎	◎
☐ 速乾性Tシャツ	◎	◎	◎
☐ 長袖シャツ	◎	◎	◎
☐ セーター・フリース	◎	△	◎
☐ 下着（替え）	△	◎	△
☐ アンダータイツ（保温用）	○	×	◎
☐ 靴下（替え）	△	△	△
☐ 帽子（日除け用）	○	◎	△
☐ 帽子（防寒用）	○	×	◎
☐ 手袋	◎	△	◎
☐ バンダナ	○	○	○
☐ ネックウォーマー・マフラー	○	×	○
☐ ウインドブレーカー	○	△	○

生活用具

	春秋	夏	冬
☐ タオル	○	○	○
☐ 洗面用具	△	△	△
☐ 日焼け止め	○	○	○
☐ コッヘル	○	○	○
☐ ガスバーナー	△	△	○
☐ ウエットティッシュ	○	○	○

非常時対応品

	春秋	夏	冬
☐ ファーストエイドキット	◎	◎	◎
☐ 常備薬	○	○	○
☐ エマージェンシーシート	◎	◎	◎
☐ ラジオ	△	△	△
☐ 非常食	◎	◎	◎
☐ 健康保険証（コピー）	◎	◎	◎
☐ ツエルト	△	△	△
☐ 細引き・ロープ	△	△	△
☐ ホイッスル	○	○	○
☐ 現金	◎	◎	◎

登山用具

	春秋	夏	冬
☐ 登山靴	◎	◎	◎
☐ スパッツ	○	○	○
☐ 軽アイゼン	△	×	○
☐ ザック	◎	◎	◎
☐ ザックカバー	○	○	○
☐ ストック	○	○	○
☐ 折り畳み傘	○	○	○
☐ レインウエア	◎	◎	◎
☐ 水筒	◎	◎	◎
☐ ヘッドランプ	◎	◎	◎
☐ 予備電池	○	○	○
☐ ナイフ	△	△	△
☐ サングラス	△	△	○
☐ 魔法瓶	○	△	◎
☐ カップ	○	○	○
☐ コンパス	◎	◎	◎
☐ 地図・地形図	◎	◎	◎
☐ コースガイド・コピー	○	○	○
☐ 高度計	△	△	△
☐ 時計	◎	◎	◎
☐ 携帯電話・スマートフォン	◎	◎	◎
☐ カメラ	○	○	○
☐ 手帳・筆記用具	○	○	○
☐ ライター・マッチ	○	○	○
☐ ビニール袋	○	○	○
☐ ファスナー付きビニール袋	○	○	○
☐ 新聞紙	△	△	△
☐ ビニールシート・マット	○	○	○
☐ トイレットペーパー	◎	◎	◎

入浴必携品

- ☐ タオル2枚（入浴用・体拭き用）
- ☐ シャンプー・リンス・石鹸
- ☐ 着替え（靴下も）
- ☐ ドライヤー（必要な人は）
- ☐ 小銭

◎必ず携行するもの　○携行すると便利なもの　△コースや季節、登山内容によって携行するもの　×とくに必要なし

※春秋は雪がないことを前提。また冬は根雪にはならないが、ときに降雪に見舞われることを前提にした装備です。
※リストはあくまでも目安です。事前に経験者のアドバイスを受け、加減するとよいでしょう。

山名等索引

あ	山名	読み	コース	頁
	足和田山	あしわだやま	18	72
	四阿屋山	あずまやさん	43	158
	綾滝	あやたき	8	31
	石割山	いしわりやま	15	61
	今倉山	いまくらやま	14	55
	岩茸石山	いわたけいしやま	4	18
	碓氷峠アプトの道	うすいとうげあぷとのみち	46	166
	大楠山	おおぐすやま	28	108
	大岳山	おおだけさん	5	22
	大平山	おおひらやま	15	60
	大マテイ山	おおまていやま	12	48
	大山三峰山	おおやまみつみねさん	21	82
	御嶽山	おんたけさん	47	172

か				
	景信山	かげのぶやま	3	13
	鐘ヶ嶽	かねがだけ	22	86
	刈込湖・切込湖	かりごみこ・きりごみこ	49	178
	官ノ倉山	かんのくらやま	38	139
	旧巡礼道	きゅうじゅんれいみち	40	144
	金時山	きんときやま	27	104
	黒岳	くろだけ	17	66
	弘法山	こうぼうやま	20	76
	古賀志山	こがしやま	47	171
	小仏城山	こぼとけしろやま	1	7
	金剛山	こんごうさん	11	45

さ				
	サヲウラ峠	さおうらとうげ	7	28
	三湖台	さんこだい	18	72
	城山（土肥城趾）	しろやま（どいじょうし）	29	110
	陣馬山	じんばさん	3	14
	浅間山	せんげんやま	23	89
	浅間嶺	せんげんれい	9	36
	相馬山	そうまやま	45	164

た				
	大菩薩嶺	だいぼさつれい	13	52
	高尾山	たかおさん	1	8
	高水山	たかみずさん	4	17
	丹波天平	たばでんでいろ	7	29
	秩父ミューズパーク	ちちぶみゅーずぱーく	42	153
	秩父霊場	ちちぶれいじょう	41	148
	月居山	つきおれさん	32	120
	筑波山	つくばさん	31	115
	天目山	てんもくざん	45	163
	天覧山	てんらんざん	35	129

	塔ノ峰	とうのみね	25	97
	外山	とやま	48	175

な				
	長尾根丘陵	ながおねきゅうりょう	42	152
	名栗湖	なぐりこ	36	131
	奈良倉山	ならくらやま	12	47
	南郷山	なんごうさん	30	113
	二十六夜山	にじゅうろくやさん	14	56
	鋸山（千葉）	のこぎりやま	33	124
	鋸山（東京）	のこぎりやま	5	22

は				
	白山	はくさん	19	75
	箱根旧街道	はこねきゅうかいどう	24	90
	破風山	はっぷさん	40	146
	榛名外輪山	はるながいりんざん	45	162
	日連アルプス	ひづれあるぷす	11	42
	日向山（神奈川）	ひなたやま	19	74
	日向山（埼玉）	ひなたやま	44	160
	日の出山	ひのでやま	6	26
	袋田の滝	ふくろだのたき	32	121
	棒ノ折山	ぼうのおれやま	4,36	18,133

ま				
	槇寄山	まきよせやま	10	40
	幕山	まくやま	30	113
	馬頭刈山	まずかりやま	8	32
	御岳山	みたけさん	6	26
	御嶽山	みたけやま	39	143
	三ツ峠山（開運山）	みつとうげやま（かいうんざん）	16	64
	三頭山	みとうさん	10	40
	南高尾山稜	みなみたかおさんりょう	2	9
	峰山	みねやま	11	44
	美の山公園	みのやまこうえん	41	150
	宮沢湖	みやざわこ	35	130
	明星ヶ岳	みょうじょうがたけ	25	96
	明神ヶ岳	みょうじんがたけ	26	101

や				
	湯坂路	ゆさかみち	23	87
	養老渓谷	ようろうけいこく	34	125

ら				
	龍王峡	りゅうおうきょう	50	180

わ				
	蕨山	わらびやま	37	136

温泉・入浴施設名索引

あ

温泉施設名	読み	コース	頁
秋川渓谷 瀬音の湯	あきがわけいこくせおとのゆ	8	30
新木鉱泉旅館	あらきこうせんりょかん	41	148
石割の湯	いしわりのゆ	15	58
和泉	いずみ	25	97
一の湯新館	いちのゆしんかん	25	94
おがわ温泉 花和楽の湯	おがわおんせん かわらくのゆ	38	138
奥多摩温泉 もえぎの湯	おくたまおんせん もえぎのゆ	5	20
おふろcafé 白寿の湯	おふろかふぇ はくじゅのゆ	39	141

か

温泉施設名	読み	コース	頁
開運の湯	かいうんのゆ	16	62
かぢや旅館	かぢやりょかん	33	122
鹿沼温泉 華ゆらり	かぬまおんせん はなゆらり	47	170
かぶと湯温泉 山水楼	かぶとゆおんせん さんすいろう	22	84
かま家	かまや	27	105
川治温泉 薬師の湯	かわじおんせん やくしのゆ	50	180
玉翠楼	ぎょくすいろう	21	80
京王高尾山温泉 / 極楽湯	けいおうたかおさんおんせん ごくらくゆ	1, 2	6,9
弘法の里湯	こうぼうのさとゆ	20	76
国民宿舎 両神荘	こくみんしゅくしゃ りょうかみそう	43	158

さ

温泉施設名	読み	コース	頁
佐野天然温泉 のぼり雲	さのてんねんおんせん のぼりぐも	28	106
さわらびの湯	さわらびのゆ	4,37	16,134
蛇の湯温泉 たから荘	じゃのゆおんせん たからそう	10	38
生涯青春の湯 つるつる温泉	しょうがいせいしゅんのゆ つるつるおんせん	6	24
西武秩父駅前温泉 祭の湯	せいぶちちぶえきまえおんせん まつりのゆ	42	152

た

温泉施設名	読み	コース	頁
大松閣	だいしょうかく	36	131
大菩薩の湯（甲州市交流保養センター）	だいぼさつのゆ（こうしゅうし こうりゅうほようせんたー）	13	50
滝見苑けんこう村 ごりやくの湯	たきみえんけんこうむら ごりやくのゆ	34	125
滝味の宿 豊年万作	たきみのやど ほうねんまんさく	32	118
丹波山温泉 のめこい湯	たばやまおんせん のめこいゆ	7	27
多摩源流 小菅の湯	たまげんりゅう こすげのゆ	12	46
秩父温泉 満願の湯	ちちぶおんせん まんがんのゆ	40	147
秩父川端温泉 梵の湯	ちちぶかわばたおんせん ぼんのゆ	40	144
秩父湯元 武甲温泉	ちちぶゆもと ぶこうおんせん	44	159
筑波山温泉 つくば湯	つくばさんおんせん つくばゆ	31	115
峠の湯	とうげのゆ	46	166

な

温泉施設名	読み	コース	頁
日光アストリアホテル	にっこうあすとりあほてる	49	176

は

温泉施設名	読み	コース	頁
箱根町宮城野温泉会館	はこねまちみやぎの おんせんかいかん	26	98
芭蕉月待ちの湯	ばしょうつきまちのゆ	14	54
榛名湖温泉ゆうすげ元湯	はるなこおんせん ゆうすげもとゆ	45	162
日帰り温泉 ほの香	ひがえりおんせん ほのか	48	173
檜原温泉センター 数馬の湯	ひのはらおんせんせんたー かずまのゆ	9	34
美肌の湯 きのくにや	びはだのゆ きのくにや	23	87
富士眺望の湯 ゆらり	ふじちょうぼうのゆ ゆらり	18	70
藤野やまなみ温泉	ふじのやまなみおんせん	11	42
ふるさとの宿	ふるさとのやど	19	73

ま

温泉施設名	読み	コース	頁
みやかみの湯	みやかみのゆ	29	109
宮沢湖温泉 喜楽里別邸	みやざわこおんせん きらりべってい	35	128

や

温泉施設名	読み	コース	頁
弥坂湯	やさかゆ	24	90
ゆとろ嵯峨沢の湯	ゆとろさがさわのゆ	30	112

ら

温泉施設名	読み	コース	頁
ラビスタ富士河口湖	らびすたふじかわぐちこ	17	66
両神温泉 薬師の湯	りょうかみおんせん やくしのゆ	43	156
旅館 陣渓園	りょかん じんけいえん	3	12
旅館 万寿屋	りょかん ますや	27	102

日帰りハイキング+立ち寄り温泉 関東周辺

2020年 7 月15日　初版印刷
2020年 8 月 1 日　初版発行

編集人	平野陽子
発行人	今井敏行
発行所	JTBパブリッシング
	〒162-8446　東京都新宿区払方町25-5

企画・編集	企画出版部
コース選定	飯出敏夫
取材・文・写真	飯出敏夫、五十嵐英之、内田 晃
取材協力	義広 勝、谷野和子
編集協力	秋田範子
写真協力	松倉一夫
表紙・デザイン	淺野有子
	(トッパングラフィックコミュニケーションズ)
地図製作	千秋社
組版	ローヤル企画
印刷	凸版印刷

本書の内容についてのお問合せ　☎03-6888-7846
図書のご注文　☎03-6888-7893
乱丁・落丁はお取替えいたします。

インターネットアドレス
おでかけ情報満載　https://rurubu.jp/andmore

◎各コースの標高差とコース距離の算出、および高低図の作成にあたっては、DAN杉本さん制作のソフト『カシミール3D』を利用させていただきました。

◎本書の取材・執筆にあたり、ご協力いただきました関係各位に、厚くお礼申し上げます。

◎本書の掲載データは2020年5月現在のものです。料金はすべて大人料金です。定休日は、年末年始、盆休み、ゴールデンウィークは省略しています。

◎本誌掲載の料金は、原則として取材時点での税率をもとにした消費税込みの料金です。ただし各種料金や税率は変更されることがありますので、ご利用の際はご注意ください。

◎宿泊料金は原則として取材時点での税率をもとにした消費税、サービス料込みで掲載しています。別途諸税がかかることがあります。

◎記載の交通の運賃・料金・割引きっぷ等の金額や時刻は変更されていることがありますので、ご利用の際はご注意ください。

◎各種データを含めた掲載内容の正確性には万全を期しておりますが、登山道の状況や施設の営業などは、気象状況などの影響で大きく変動する事があります。安全のために、お出かけ前には必ず電話等で事前に確認・予約する事をお勧めします。山では無理をせず、自己責任において行動されるようお願いいたします。事故や遭難など、弊社では一切の責任は負いかねますので、ご了承下さい。

◎山で見られる花を含めた動植物は、法令により採取が禁じられています。絶対に取らないようにしてください、また観察や写真撮影の際にも、自然環境を傷つけないよう、十分配慮してください。

JTBパブリッシング
https://jtbpublishing.co.jp/